U0959932

悦读青春

——山栀花网络思政工作室文摘（第1辑）

吕鹏　张锦　编

天津大学出版社
TIANJIN UNIVERSITY PRESS

图书在版编目(CIP)数据

悦读青春：山栀花网络思政工作室文摘. 第1辑 / 吕鹏，张锦编. —天津：天津大学出版社，2020.8
ISBN 978-7-5618-6761-7

Ⅰ.①悦… Ⅱ.①吕… ②张… Ⅲ.①互联网络—应用—高等学校—思想政治教育—山东—文集 Ⅳ.①G641-39

中国版本图书馆CIP数据核字(2020)第169783号

YUEDU QINGCHUN—SHANZHIHUA WANGLUO SIZHENG GONGZUOSHI WENZHAI (DI-YI JI)

出版发行　天津大学出版社
地　　址　天津市卫津路92号天津大学内（邮编:300072）
电　　话　发行部:022-27403647
网　　址　www.tjupress.com.cn
印　　刷　北京盛通印刷股份有限公司
经　　销　全国各地新华书店
开　　本　185mm×260mm
印　　张　9.5
字　　数　237千
版　　次　2020年8月第1版
印　　次　2020年8月第1次
定　　价　40.00元

序　言

习近平总书记在全国高校思想政治工作会议上指出，思想政治工作从根本上说是做人的工作，必须围绕学生、关照学生、服务学生，不断提高学生思想水平、政治觉悟、道德品质、文化素养，让学生成为德才兼备、全面发展的人才。做好高校思想政治工作，要因事而化、因时而进、因势而新，青年大学生在哪里，高校思想政治教育就要在哪里。青年大学生精力旺盛、思维活跃，是网民的生力军，他们绝大部分的业余时间沉浸在网络中，因此，高校思想政治教育必须同步延伸到网络上。为了汇聚网络正能量、唱响育人主旋律，山东职业学院（以下简称“山职”）于2017年9月成立了“山栀花网络思政工作室”，以工作室为平台，以思想引领、服务青年、思政研究为内容，汇集网络新媒体力量，多渠道引领青年成长成才，探索形成具有针对性、时效性和实效性的网络思政教育路径。

山栀花网络思政工作室自运行以来，具化了“山小栀”这一文化品牌，通过“山小栀”平台，汇聚了山职七千多位青年朋友，其中有新加入山职大家庭的“小鲜肉”，也有关心山职发展的校友和朋友们。2017年12月，工作室主持人张锦依托“山栀花网络思政工作室”成功申报了山东省高校人文社会科学研究计划项目（思想政治教育专题研究）“创新高校网络思政教育的路径研究”（编号为J17ZC68）。2018年8月，山栀花网络思政工作室被评为“全省高校思想政治工作十大建设项目——网络文化工作室项目”重点项目（鲁教工委字〔2018〕16号）。

山栀花网络思政工作室坚持“用核心价值观引领青年，用青年话语体系吸引青年，用新媒体应用服务青年”的工作理念，坚持线上线下协同融合，线上形成《栀·悦听》《栀·分享》《栀·风采》等品牌栏目，线下形成“小栀观察家”“小栀报告会”“小栀读书会”等品牌项目，体现了全方位立体化的思想政治教育路径，增强了思想政治教育的时代感和感召力，实现了山职整体育人质量的提升。

《悦听》是山栀花网络思政工作室的线上品牌栏目,《栀·悦听》栏目是该栏目阅读量比较高的文章合集,也是一个个“山小栀”的缩影。其中的主人公,德才兼备者有之,品学兼优者有之,勤奋向上者有之,无私奉献者有之……出彩人生,丰富多彩。他们虽各不相同,甚至罕有能让人有深刻记忆的同学,然而他们共同拥有着同一个身份——山东职业学院正能量的代表“山小栀”。

初读《悦听》的文章,语言朴素,感情真挚,能够与同学们产生心灵上的碰撞。从年少的青涩写到青春的不平凡,从温暖人心的只言片语写到跌宕起伏的豪情壮语。当我们用心去感受这些唯美而鲜活的文字时,我们内心的尘垢被慢慢地拭去,我们内心的迷茫被慢慢地唤醒,我们被文字吸引,我们被作者的真诚、完美、善良所感动。每一滴水都闪耀着太阳的光辉,每一篇文章,都折射出作者最初的情怀。虽然他们还未能有“笔落惊风雨,诗成泣鬼神”的才华,但我们坚信,只要初心不变,恒心不改,他们就能够写出至善至美、至情至真的文章。

一切原创皆来源于那些对生活的热爱,那些真挚的情感,那些勇攀高峰的勇气……愿《悦听》在线上能够用声音触碰你的心灵,在线下能够用文字感悟你的人生。不管线上还是线下,《悦听》始终以习近平新时代中国特色社会主义思想为指导,围绕“四个意识”,用积极向上的言事践行“四个自信”,传播社会主义核心价值观,为培养德智体美劳全面发展、高素质的技术技能人才,坚守住这片网络阵地!

山东职业学院山桅花网络思政工作室

目　　录

青春心语 …… 1

一切都没有那么糟 …… 3

梦想使青春绽放,实干让人生出彩 …… 5

弱者错失良机,强者制造时机 …… 7

俯下身来,才能嗅到花的芬芳 …… 9

学生会,我成长的摇篮 …… 12

三月青春 …… 17

思议 …… 18

谁的青春不迷茫 …… 19

青春挥汗拼搏,校园寄托梦想 …… 21

挫折是生活给我们的赏赐 …… 23

我爱我,爱努力的自己 …… 25

再见了,山职 …… 27

不要戴着有色眼镜去看世界 …… 34

别人尊重你,并不是因为你优秀 …… 35

感谢与你们相遇 …… 36

旅行 …… 37

不要让失败掩盖了成功的希望 …… 38

哪有什么一夜成名,还不都是百炼成钢! …… 39

静等花开 …… 40

每粒尘埃都有光 …… 41

书,隐形的翅膀 …… 43

我是一粒尘埃 …… 44

我向往的大学生活 …… 45

赏识他人　悦纳自己 …… 46

一路有你 …… 47

与书为友 …… 48

莫让安逸浇灭激情 …… 49

心中有诗意,脚下有远方 …… 50

与经典同行,品味人生 …… 52

行如微尘,大爱无疆 ……54
早安,明天 ……55
奋斗永远在路上 ……56
逐梦青春 ……57
自律是最好的修行 ……58
欢聚一堂,共度新春 ……59
梦·青春·未来 ……60
逐梦路上青春相伴 ……61
写给三年后的自己 ……62
意志的力量,是决定成败的力量 ……63
奋斗的青春才无悔 ……64
平凡铸就伟大 ……65
永远不要说放弃 ……66
生来不平凡 ……67
我和我为之奋斗的一切 ……69
我们都在马不停蹄地向前 ……70
不忘初心,方得始终 ……72
你所有失去的都会用另一种方式补偿你 ……74
剑未佩妥,出门便已是江湖 ……76
哪怕遍体鳞伤,也要活得漂亮 ……78
不过好当下的生活,哪有资格选择未来 ……79
无论风雨我愿做你前进路上的那座灯塔 ……80
谁才是真正的贫民窟的百万富翁 ……82
梦想仗剑走天涯 ……84
不要抱怨,一定是你不够优秀 ……85
青春之梦 ……88
这一刻,温暖你 ……89
感恩节特辑·老师的话 ……91
感恩节特辑·感谢恩师 ……93
感谢音乐为伴 ……95
父爱如秋阳 ……97
那些年有你们是我的小幸运 ……99
我心中的白鹿精神 ……101
对的时间对的人 ……103

父亲 …… 105
祖国啊，我把自己献给你 …… 106
爱情这件美好的小事 …… 108
掉在岁月里的纯真 …… 109
落叶归根 …… 111
满腔热血，党的使命扛肩头 …… 112
520 特辑·我曾喜欢的少年 …… 114
风采山职人 …… 117
怀揣梦想　笃定前行 …… 119
你若出彩，生活便会闪耀 …… 123
机会都是留给有准备的人 …… 126
以身作则，勇于创新，不畏将来！ …… 128
不忘初心，砥砺前行 …… 131
一直在路上——勿忘初心、继续前行 …… 134
刘云清登上《新闻联播》，被评新时代工人典范 …… 138
经年忆昔 匆匆那年 …… 140

青春心语

一切都没有那么糟

1

最让我欣喜的画面，是那斜阳日暮，阳光穿过梧桐，被剪得细碎，暖暖地在人身上斑驳，平凡静好。我们的人生其实也很平凡，虽然偶尔也会有小小的挫折，你有没有这种感觉呢？仿佛生活跌到了谷底，所有的事情都变得一团糟，喜欢的人不喜欢自己，工作也不是自己所期望的，好像所有的努力都不被肯定，对任何事情都提不起兴趣，仿佛忧愁永远沉淀在心底，时不时涌上心头，一句安否，却又总是唤醒泪腺。

2

有人双目失明，却仍愿去看那光明大路；有人四肢不全，却仍尽力去做那人上人；有人心智不全，却仍懂得什么是爱……

3

亲爱的，不可否认，生活的确如此，总有那么一段时间让你感觉到像身处生满苔藓的阴暗角落那般失望，一切都是那么令人讨厌，让你对外界抱有一种消极的想法，这是我们成长道路上必然经历的。我们要学会在鱼龙混杂的世界里，接受现实生活带来的种种压力，其实我们都一样，年轻又彷徨。

4

当你看见那一树花开，岁月安好，流年静好，你或许会明白一切都没有那么糟糕。

当你的努力没有被别人看在眼中的时候，你会想这是为以后的成功铺平道路；当你看到父母头上的白发越来越多，力气越来越小而自己却无能为力的时候，你会更加努力来改变现状；当你的生活陷入一片黑暗，希望找不到来路，梦想找不到出口的时候，你会用余生在黑夜点燃火把，用汗水借着黎明的光芒撕破黑暗，打破枷锁，让曙光重新照进现实。

5

你不能决定生命的长度，但你可以控制它的宽度；你不能左右天气，但你可以改变心情；你不能改变容貌，但你可以展现笑容；你不能控制他人，但你可以掌握自己；你不能预知明天，但你可以过好今天；你不能样样顺利，但你可以事事尽力。所以，朋友，无论怎样生活都要存着一树的花开，存着温暖和希望。我想，每个人都会有一段不为人知的艰辛日子，你会步履维艰，这些磨难会使你在泥泞中开出花来，别忘记时常感激，感激那些艰难困苦的时光，感激那个即使绝望也不曾放弃自己的你。

6

今天的天气很好，心情也跟着晴朗。你呢？朋友。

流年似水，众生皆浮沉，而我们，若不能做那立于船头的逐浪者，就请做那稳坐船头的垂钓人。今天的你有什么烦恼？请相信我，一切没有那么糟，加油吧！

梦想使青春绽放，实干让人生出彩

人们常说：有梦想就有希望，有希望就有未来。

梦想是深藏在人们内心最强烈的渴望，也是人们走向成功的源动力。每个人都有着自己的梦想，都有着自己的渴望和追求。同样任何一个民族也都有自己的梦想，习近平总书记说："实现中华民族的伟大复兴，就是中华民族近代以来最伟大的梦想。"

"实干兴邦"是我们的优良传统。邓小平同志说过，世界上的事情都是干出来的。改革开放40多年来，"中国故事"震撼世人，靠的就是十几亿中国人的实干。

实现中华民族梦想，需要几代人的努力，不久的将来我们也将成为圆梦的中流砥柱，"雄关漫道真如铁，而今迈步从头越"，只有拿出实干精神，以实干为荣、以实干为责，"实"才能在复兴之路上昂首前进，"干"才能让中国梦变成现实。

1

2014年的夏天我怀揣着对那身迷彩绿的向往来到了部队，新兵连的几个月让我脱胎换骨，也让我青春的棱角得到了打磨，对这个世界有了新的认识。记得刚到新兵连的第一个下午我们组织跑步三千米，那场终生难忘的跑到"吐血"也没跑到头的三千米，我的最后成绩只有16分30秒，连及格线都没到，看着白云在蓝天中慢悠悠地飘过，当时好不羡慕的我，真想化作白云也慢慢飘过，无拘无束。回到现实，这里竟然是一个连上厕所都规定时间的地方。

2

失望，绝望，无望！第一次和妈妈打电话，没出息的我流了眼泪，好吧，我承认，我号啕大哭了一场。母亲很担心，给我寄来了一封长达13页的信，是这封信让我彻底明白了，原来从我那大提着行李走出家门踏上去部队的火车开始，再也没有人可以帮我了，我就再也没有了退路！

既然选择了追随梦想就要配得上它，自己一步步脚踏实地去做，不就是跑步吗，跑！只要还有一口气，我就不能放弃！别人跑步昂首挺胸，潇洒帅气，我永远低着头看跑道，不管前面还有多远，我要看着自己把脚下的这一步迈出去！一步一步！

三个月后部队大比武，那个永远落后的胖子以11分9秒跑出全连队第3名的成绩！那天我没哭，当连长和指导员激动地表扬我的时候，我低头看了看自己的脚，用力跺了跺！硬！比石头还硬，比脚下的路更硬！我依然留恋心中的那片白云，只是除了白云又多了一些更踏实的东西，它深深地烙在我的脑海中。

3

两年后,这朵白云飘到了山职,可能是突然从一个紧张的环境换到一个相对放松的环境的缘故吧,刚来的那段时间我竟有些无所适从,一下子失去了目标,变得有些盲目,但是我知道,不能慌不能乱,一点一点适应,从脚下开始。学生的天职是学习,先从学习开始。一定是太久没进过课堂的缘故吧,第一堂课不到10分钟我便沉沉地睡了过去,再醒来时恍若隔世,差点以为要紧急集合。

懊恼!自责!我心里暗想:九五步枪我玩得那么溜,一只小笔杆子还握不住了!不行!我要先从不睡觉做起,一节课,两节课;再从认真听课做起,一节课,两节课,好多节课过去后,我终于适应了学校的生活,并取得一点小成绩。

4

当我知道我成为出彩管理人的候选人时,我很惶恐,感觉自己配不上这个称号,后来仔细想了想,有什么大不了的,自己差在哪,一步一步赶上就是!谁还不是那个意气风发的少年,谁还不想登高涉险,凭栏眺望,指点江山!豪言壮语是我,低头潜行也是我,大道理看了很多也没记住多少,我只知道在我踏踏实实一步一步前进时,那片白云一直飘在我的身边从未走远!

弱者错失良机，强者制造时机

前两天接到张锦老师的电话，有点惊讶，还有点忐忑。在学校里我不是乖学生，身为学生干部却总是惹老师生气，宿舍通报批评肯定有我一份，我要是把调皮捣蛋的经历分享一下，估计张老师隔着电话都想揍我一顿。想想看还真是失败，但无论如何，这三年的青春，我无怨无悔。

1

哈佛大学一项调查报告表明，一个人一生平均只有七次决定人生走向的机会，每两次机会间隔约七年，机会大约在 25 岁后开始出现，75 岁以后就不会有什么机会了。这七次机会，第一次不易抓到，因为太年轻；最后一次也不用抓了，因为太老。这样只剩五次，这里面又有两次机会不小心错过，所以，实际上只有三次机会。

有的同学可能会说，25 岁？哈！那时候我早就毕业了！这和学校有什么关系？关系很大，我觉得哈佛大学的那项调查报告有失偏颇，我认为上大学才是改变命运的第一次机会，同样也是最重要的一次机会。

2

常言道：大学是一个小社会，但却是一个相对公平的社会。很俗气，但却是真话，刚刚步入大学的时候你和身边的同学是一样的，大家都是成年人，你不比他差什么，我见过很多同龄人年纪轻轻就给自己的失败找借口，这毫无意义，大学时光何等重要！

我认为利用大学时光改变命运最重要的机会有两点。第一点，就是提升你的能力。

3

我们学校是铁路学院，而且是铁路学院中的老前辈了，不是有句玩笑话叫“清华、北大、山职”嘛，有些人说在大学里学的东西没用，工作以后也用不到，我们还学它干吗。我们在学校里学的是什么？《规章》《客运》《货运》《行车安全》《铁路运输》，我参加工作也算有些时日了，我可以直截了当地告诉各位学弟学妹，铁路的工作，就是靠你在学校里学的内容，而且可以一直用到你退休，不管是基层工人还是路局干部，都是必须掌握的。那些对你说学这些没用，不如去玩的人，请对他敬而远之。没有能力的人在时机来临之际，也只能看着它在你面前嚣张地离去。

4

有一就有二，现在来说第二点——勇气。我喜欢表现自己，我承认，这一点从高中开始就有了,上了大学也没有要“改正”的意思。我喜欢播音,我喜欢朗诵,我热爱主持,同时我还有一种“迷”之自信。是的,“迷”之自信,所以当学长问我,要不要做一名主持人的时候,我考虑都没有考虑就答应了,于是我成了山东职业学院的一名主持人。大学三年,我主持过很多比赛和活动,有露脸的,有不露脸的,有带搭档的,有没带搭档的;别人有没有收获不好说,但我从第一次上学校舞台手在发抖。到前段时间在单位演出时在台上内心毫无波澜,我觉得,我的胆子练出来了,起码领导交给我任务时我不会怯场,这对于工作也有极大的帮助。

有句话叫“机会总是留给有准备的人”,这个准备,我认为是能力与勇气的结合,机会是一个很敏感的孩子,你在它来临之际,犹豫了:“我要不要抓住他? 我失败了怎么办? 对我以后会不会有什么坏影响?”它跑掉了,被另一个人抓到了,他成功了,然后你捶胸顿足:“哎呀! 真是狗屎运! 我上我也行啊! 我就犹豫了那么一下! 就一下! 就差一点!”我讨厌把一切都归因到运气上,因为这会让人们的成功变得毫无价值。弱者错失良机,强者制造时机。没有时机,这是弱者最好的借口,你差的不是运气,是勇气,行百里者半九十,正是差了这最后一步,你之前的一切努力都成了泡影,而当你抱怨出口的一刹那,留给你的最后一点风度也不存在了。记住,世界上有许多事业有成的人,并不一定是因为他比你会做,而仅仅是因为他比你敢做。

5

大学生活会提供给你许多磨炼勇气的机会,我们的学校对各个社团类学生组织是相对公平的,各种大小比赛活动层出不穷,南益馆能坐 2014 个人,当你面对他们时不紧张了,那面对单位里最多不过几百人的“小阵仗”你还担心什么?

当你的能力与勇气都不再欠缺时,机会自然会乖乖跑到你的面前,而你要做的只是把双手伸出,傲娇地说一句:“Come on, baby!”

不管哪一行,只要成了尖子,机会自然会到来,而机会一来,凭着本事就能扬帆起航。记住咯,别人不是因为运气好才能成功,而是因为他成功了所以你觉得他运气好。

俯下身来，才能嗅到花的芬芳

1

大一军训的时候，我有幸被选为女生手语操方队的负责人，其实我刚接到这个任务时，内心还是挺轻松的，觉得训练不会有什么难度。但第一天的训练就给我当头一棒，因为我们的方队需要站成一个“心”的形状，而那天直到天黑训练结束也没有把队形排成想要的效果。我开始感觉到压力，而当时离军训汇演只有四天了，时间非常紧。

那天晚上我就找学哥学姐请教，有什么好的办法能让队员简单迅速地站好队形呢？讨论了半天，我们都想了一个最笨的办法：那就是在纸上画点位，用点位代替人。全方队共 185 个队员，也就是 185 个点，我们一个点位一个点位地数，一个点位一个点位地画。就用这种最笨的办法，我们在第二天早上排了不到十分钟队伍就成型了。

2

我们的训练按部就班地进行，虽然是九月，但太阳依然火辣，有很多女生出现头晕、恶心等中暑的症状，让她们简单地休息是理所应当的，但因为我们方队的特殊性，动作、队形都需要统一训练,所以,我们的训练效果一直没有进步。加上我严厉的管理方式,很多同学有了抵触心理,训练时都带着负面情绪,天气又热,训练效果更加不尽人意。

3

下午训练结束后,我拖着疲惫的身体回到宿舍,我就在思考,是不是该换一换自己的管理方式了。也许不是他们不努力,而是我的管理方式从源头上出现了错误。

一般我们每天晚上都加练,但那天晚上我没有让她们训练,而是和她们一起交流,一起沟通,试着拉近与她们之间的距离,让她们从心底接受我。功夫不负有心人,这一个小时的沟通让很多人把不敢说的话说了出来,想提不敢提的意见也提了出来,甚至她们的很多想法都是我想不到的。那晚我总结了她们的意见与建议。此后的训练真的比以前顺利了很多。

4

转眼到了汇报演出那天,当我看到她们以完美的表现收场,看到她们愉快的笑容,看到老师们肯定的眼神,我不禁觉得付出的这一切都是值得的。想想带着她们训练的这几天,虽然比我自己军训都累,比我自己军训时晒得都黑,但我觉得所有的付出都是值得的。直到今天,我每每想起那段时光,内心还是会特别激动。

通过这次经历,我也学习到很多,我作为一名学生干部,应该诚恳接受建议,牢记自己的使命,承担起自己的责任,不断学习,不断进步,不断提高自己,才能跟得上这个时代。

5

最后，我想对所有同学说，人生处处是考场，大学是我们梦想开始的地方，只要有一颗踏实的心和一双勤奋的手，认真对待学习、工作和生活，坚定自己的目标，成功之门终有一天为你打开。

学生会，我成长的摇篮

学生会在大学生活中发挥着十分重要的作用。它是老师与学生沟通的桥梁，是学生自我管理的平台，也是锻炼自身能力，实现自我价值的大舞台。它让更多的同学能够在这个舞台上挥洒青春；但学生会又不仅是一个舞台，因为所有的学生干部都是这舞台背后默默无言的工作者……

——写在管理系学生会换届之际

1

直到现在我都记得，2015年的那个夏天，我站在4506教室里参加学生会面试的情景。学哥学姐提的问题还在耳边回响，转眼间，我也要离开这个工作了两年的学生组织。两年的时光仿佛一场梦，梦醒时，我带着一身荣光，带着诗和远方。我知道未来的路会很长，却不知道自己接下来该寄心于何处。

仿佛在大家的印象里，学生会主席都应该是高大的帅哥或是气质非凡的美女。这是一个看起来金光闪闪的职位，但没有人知道，这背后却有着无数的心酸和委屈。

2016年秋天，管理系2015级学生组织任职名单公布，主席为李绍宽。一瞬间，责任、压力涌至心头。面对众多的质疑，我顶着压力走上学生会主席这条路。我不知道即将要面临的是什么，也不知道如何去面对众多的副主席、部长甚至干事，我只知道，我需要走下去，坚定地走下去。

2

忘不了2017年的元旦晚会，那是我任职后负责的第一个大型活动，为了向老师和同学们证明这一届学生干部的能力，为了给2016级同学带来一个难忘的元旦晚会，负责活动的副主席和部长一夜一夜地失眠，甚至半夜有灵感立马给我打电话，然后记在本子上第二天讨论可不可行。

梦舞青春活力校园
铁道运输与财经管理

铁道运输与财经管理系
元旦晚会

山东职业学院
SHANDONG POLYTECHNIC
铁道运输与财经管理系
元旦晚会

那时我们几乎每天都在学工办策划活动一直到晚上 11 点。12 月的济南晚上很冷,走在回宿舍的路上,寒风呼呼地吹,感觉自己从未遇到过这样的压力。经过大家的努力,节目通过了一审、二审、三审,直到最终成型,很完美地在舞台上展示出来的时候,听着台下同学们的掌声和欢笑声,我感觉一切辛苦都是值得的,一切都是那么美好!我想,这大概就是属于我的,难忘的青春记忆吧!

3

其实学生会里有很多默默奉献,从不叫苦叫累的同学。有一群同学,她们是礼仪队队员。平时的她们总是身着贴身的制服,以精神的形象以及脸上完美的微笑示人。但你却看不到她们在舞台背后脱下高跟鞋时那瞬间轻松的表情,看不到她们在周末、在夜晚辛苦训练的模样。有一群同学,他们是学习部干事。他们每次都是第一时间到场并布置会场,最后打扫完卫生再离开,甚至会为了维持晚会正常进行一整天都在会场里待命。

当然，还有文艺部、新媒体部、勤工部的干事等，一场大型活动需要各部门的团结合作，正是因为他们默默地守在演出场地的幕后，才确保了每一场晚会的成功。也许，台上演员用的那个话筒发出的声音不是最完美的，打的灯光也不是最亮的，但是请你谅解，他们真的尽力了。是的，这就是学生会，学生会是一个舞台，让更多的普通同学能够在这个舞台上挥洒青春；同时，学生会又不仅是一个舞台，因为所有的学生干部都是这舞台背后默默无言的工作者。

4

“大学生活，无憾……”

“即将换届的心情五味杂陈……”

“不负时光不负自己，前方的路一起加油。”

这是副主席及部长们在朋友圈里写下的感悟。我只是学生会所有人中的一个缩影，学生会不是我一个人，而是我们整个团队。学生会也许就是这样一个地方，尽管你多少次都想着离开，但真正离开的那一刻，却是泪流满面。

5

我无数次地问自己，学生会对我究竟意味着什么。此刻，我想说，学生会，是我成长的摇篮；学生会，是我的第二个大学。从一个初出茅庐的小干事，到学生会主席，我见证了我们这一届学生会一步步走向成熟的过程，也为自己能够成为其中的一员感到骄傲和自豪。

在学生干部例会上,我做完最后一次工作报告,我有好多话想说却又说不出口。亲爱的老师,我多想上前抱抱你们;可爱的战友,我多想和你们再一次并肩作战。此时,我只是在微笑,只是想让大家以后想起我们曾经在一起共事的时候都是开心的回忆。学生会,最后一次说爱你,却是在离别的路口。

三月青春

三月踏着春雨而来，淅淅沥沥，花蕾装饰了轻柔的枝条，嫩草点缀了原野的单调。东风，开启三月。

三月是充满希望的季节，田野是春的归宿，春光、春雨、春风被它尽情收纳，就趁这个最美的时光，让我们与勤劳携手，酝酿期盼和微笑，收获幸福。

三月是雷锋月，从小我们就被教导，学习雷锋好榜样，忠于革命忠于党。而我们作为新时代的接班人，在雷锋月来临时，我们首先应该明白雷锋精神不是要夸夸其谈，而是要从平凡的细节中体现出雷锋精神，吃苦耐劳、乐于助人、勤俭节约等品德都是雷锋精神，所以我们应该树立雷锋精神，将雷锋精神贯彻到实处，尽自己所能，从身边小事做起，让雷锋精神无处不在。

三月是充满爱的月份，三八妇女节来临时我们要感恩自己的母亲；3 月 12 日中国植树节到来时我们要保护环境，珍惜现在的美好环境；3 月 21 日国际消除种族歧视日提醒我们珍爱世界和平，消除种族歧视。

三月的情绪在春潮翻滚的诗篇里抒情风流，随酥软的三月春风跌宕起伏。慢慢地，三月也会消逝，但是优秀的品质、三月的精神不能就这样随风散去。这种优秀的品质、崇高的精神都应该继续保持和发扬下去。在未来的生活中，我们应当且行且收获，不惧将来，不畏现在，不念过往。在前进的道路上，不必抱怨生活给予太多的磨难，不必抱怨生活有太多的曲折。因为青春是令人艳羡的资本，青春是永恒的心态。英国哲学家罗素在临终前对他的学生说：“你们正拥有一笔让人羡慕甚至妒忌的财富，那就是青春。在这财富中，有着无数次的坎坷和机遇，等着你们去填补和把握，拥有它，你们永远都有希望。”

拥有青春我们就拥有希望，那就让我们将无尽的优秀品质注入我们的青春。青春是张狂的幸福，那就用青春的幸福把握我们人生的风帆！

思　议

犹记殷勤风月事,耳边软语深盟。一朝离别等闲轻,我心仍似火,君意已如冰。陌上春风杨柳色,年时曾许青青。而今薄性学飘零。此生缘已误,来世许无情。

一曲离歌惹醉许多离乡的游子,盼到归乡之日却无法前行,只望别家灯火,星光璀璨,千家万户相聚此时,共饮杯酒,共叙旧情。

驻在高原深处的黄土山沟,抬眼望,四处无不是群山环绕,秃顶青石,冷冷清清,离家三年之久,孩儿心依然稚嫩无比,念家中父母身体安康,老人晚年无忧虑,身在他乡的孩儿无以探望,给予希望后又是失望。

昏黄的路灯挂在年久失修的电线杆上,摇摇欲坠;几只迷途的萤火虫在四周翩翩起舞;清冷的晚风撩起空荡的老巷对皓月的思念;一丝尘埃,一声犬吠,唤醒了时光的追思。

悠悠笛音回荡在整座校园的上空,萧萧暮雨飘洒在校园的各个角落,淡淡琴吟洒落在山职这座宝地。清冷的夜风轻轻吹过,姑娘站在古老的城墙上,目视着远方的家,似沉,如悲诉,凝重地弹起了凄凉的古琴,和着几重奏的乐音,悠扬远去。

姑娘此番弹奏,琴声游丝般钻入耳膜,刺破寞寞茕影。让一颗心潮湿起来,柔软起来,不安分地骚动起来。

谁的青春不迷茫

结束了一天的学习,躺在宿舍里,你仍然无法入眠,划着手机,总觉得缺少点什么。当别人为各种社团活动卖力时,你待在一旁,觉得自己是一个局外人。当有人为了上课早早到班里占座的时候,你抱着课本踏着铃声走进满座的教室,你感到无助又失望。是不是只有你是这样想的,还是有更多的人与你有同样的迷茫?不要失落,迷茫的日子过后只要更加努力,就能看见你的那片桃花源,就能豁然开朗。

1

我喜欢戴着耳机听着歌在深秋的夜晚散步,喜欢脚踩在落叶上的厚重感,喜欢昏黄路灯下自己瘦长的影子。这时候,什么事情都慢下来,什么事情都与我无关。我静下心来,甚至能听见自己的心跳。我喜欢在这时候思考,分析我的过失;我喜欢在这时候憧憬,期待新的一天的到来。

2

当你做什么事都感到力不从心时,或许你该停下来,好好审视自己,是不是自己的野心与自己的能力不匹配,是不是应该停下忙碌的脚步,认真反省自己,到底自己掌握了多少技能。你空有梦想,可是你每天都在空想。而你的态度将会决定以后的你到底是参天大树还是一棵无人问津的小草。当你犹豫不决的时候,听从本心,就不会迷茫。

人总是在追求自由的一生,怕被束缚,怕前进的脚步被羁绊。我们往往在某些时刻感觉到不自由,可这些不自由,是在向明天的自由过渡。

每个人总会有迷茫的时候,可怕的不是看不清方向,而是被蒙蔽双眼,手足无措,原地徘徊。当你面临抉择的时候,遵从自己的内心;当你犹豫不决的时候,下定决心,别给自己留下遗憾。做过总比错过让心里来得舒坦,做过却失败总比没有做过而懊悔来得痛快。

3

我喜欢刘同写的《谁的青春不迷茫》,它承载着梦想与现实,让我切身体会成长所带来的惊喜与变化。“你觉得孤独就对了,那是让你认识自己的机会。你觉得不被理解就对了,那是让你认清朋友的机会。你觉得黑暗就对了,那样你才分辨得出什么是你的光芒。你觉得无助就对了,那样你才能明白谁是你的贵人。你觉得迷茫就对了,谁的青春不迷茫。”

有本书中写到:“所有故事都会有一个答案,在最终答案到来之前,你是否耐得住性子,守得稳初心,等得到转角的光明。”所以,无论多么黑暗的地方,也总会有一束光,照亮你前行的路,即便跋山涉水,风雨兼程,也在所不惜。

4

夜深了,你是否还在为今天错过的时间而懊悔,又或者为错失了机会而感到难过。别想那么多了,朋友,“识迷途之未远,知来者之可追”。晚安,睡个好觉,梦里繁花似锦。

青春挥汗拼搏，校园寄托梦想

青春挥汗拼搏，校园寄托梦想。这句话对身在大学的我似乎没有任何触动，成绩一般的我，十八年人生的大部分时光都是在校园度过的，不经意间有些厌倦，有些乏味，一度想停下笔，拿起手机在这寒冬中找回一个不认识的自己。对于大部分人来说游戏谁不爱玩？而我只是其中一员罢了。那时的我只是傻傻地这样想，不知何处来的自信，让自己坚持着，愉悦着。

1

十八岁的我仍然能在游戏上绽放笑容，有时哭得像一个四五岁的孩子，有时笑得天真还有些幼稚。此时终于放下笔，拿起手机躲进了被窝。寻找不一样的自己。书桌上，笔静悄悄地躺在白纸上，渐渐地失去了温度，但被窝里却玩得热火朝天，热闹得像是在聚会。凉意吹进了宿舍，静悄悄地带走了我的课本还有我那本该拼搏的心。游戏成为我拼搏的目标。为了追求那些虚无缥缈的东西，什么都没有得到的我却满脸自豪地炫耀着自己的"成就"。每天上课、吃饭、睡觉，似乎这些都可以不做，只需要一个手机，我就可以乖乖地待上一天，毫不厌倦。大学的生活简直就是在过神仙般的日子，除了手机就是电脑，再就是吃饭、睡觉，然后就再也没有然后了。

大学玩了一年，就感觉像过了一年的幼儿园生活，我仍然没有放弃那份对游戏的热爱和执着。我变得更加疯狂，我开始花钱，继续追求那虚无缥缈的装备，我真是佩服那时候的自己。原因很简单，我会变魔术，把真实存在的东西转化为虚无缥缈的东西。我觉得自己很厉害，也很愚蠢！大二仍旧是这样度过，一天又一天，一月又一月。这种生活难道没有尽头吗？终于有一天，我面对了最真实的代价，那天真的是我不愿意回忆的一天，也是我蜕变第一天……

那天清晨阳光依旧温暖，虽然是冬天但却展现着春天的色彩，让人有些难以置信，对于我来说也是难以接受的。打着游戏的我，突然接到一个电话，我很不耐烦地接听了电话，但这通电话却让我所有的情感被无情地偷走了——姥爷不行了。我是被姥姥和姥爷亲手带大的，我竟然没发现我最敬爱的两位老人日渐消瘦，而今天姥爷病重，我却还自豪地玩着游戏，依然一副一脸骄傲的样子。我急忙请了假，一路飞奔回家。我的心情乱作一团，甚至有些恍惚，亲人的老去，让我心里绝望至极。我推开门，直接蹲在姥爷的床边，姥爷还是那么严肃，只是一向严肃的姥爷，此刻眼里却多了柔情。

姥爷哭了，真的哭了，我看着从来未曾这样的姥爷，内心似乎在打架，一跳便是一刀。所有人围在姥爷身旁，而姥爷却一直看着我，我看着消瘦的姥爷，他再也不是一年前我见到时的那个强壮的老人了,他此刻躺在床上似乎连哭的力气都没有。我是男人,但并非钢铁,我努力抑制着不哭,可我真的做不到,我真的太软弱。姥爷拉住我的手,递过来的却是两张崭新的人民币,红色的钱币刺痛我的眼。姥爷笑了,虽然流着泪但我看得出来他笑了,他虚弱地在我的耳边说了一些话,我却哭得不成样子。

姥爷笑了笑道:"我的外孙有出息了,考上大学了,我家唯一一个大学生,姥爷真的希望能看到你结婚,姥爷这一生,最牵挂的人就是你,姥爷希望你能继续好好学习,姥爷无论什么时候都会看着你,我一定会看着你!姥爷最后见你一面,真的满足了……"

姥爷安静地睡着了,我拿着那红得亮眼的钱,它此刻似乎一刀刀地扎在我的心上,我对不起我姥爷,我真的是一个大学生吗?天天在学校玩游戏,给游戏充钱。而此刻我拿着崭新的钱,却送走了我最爱的姥爷,姥爷一生的愿望此刻却被我撕得粉碎。姥爷睡着了,而我之前却玩着那让我引以为傲的游戏,我似乎受到了什么激励,我似乎想远离幼稚,我似乎看到了姥爷慈爱的微笑。

送走了敬爱的姥爷,我似乎开始蜕变,时隔一年再次拿起笔,却连字都快不知道怎么写了,我咬了咬牙,我开始奋斗,我开始拼搏。手机永远抵不上家人的温暖,也比不过我应该拥有的美好校园生活。再一次拥有梦,再一次执笔,再一次奋斗,最后一次卸载掉游戏。大学生活过去了近一半,游戏使我失去了所有该拥有的东西,所以我要用我的实际行动再次夺回我失去的一切,虽然可能为时已晚,但我奋斗不止,我坚信终有一天,我会拥有我自己的美好青春,拥有自己的生活!

2

青春本该拼搏,梦想本该绽放!又是一个寒冬,莘莘学子在校园宿舍中的写字台上挥洒着自己的青春,用笔尖书写着每个人的故事,而我也是其中一员,当时因为玩游戏而"热闹"的被窝,现在已经不复存在了,现在的我是一个全新的我,我是这个学校中奋斗的一员,我感到无比骄傲,这个校园等待你的拼搏努力,寒冬中请你和我一起努力吧!

青春此刻正散发着属于它的迷人的独特魅力,而校园中绽放的是我们努力奋斗的青春,远处的宿舍楼中有一个已经蜕变的孩子正书写着自己的芳华。

挫折是生活给我们的赏赐

1

追求前进的道路不可能一帆风顺，人们既要踏过康庄大道，也要走过羊肠小巷，还要走过山谷，攀过高山。

自古之伟业，皆有“苦其心志，劳其筋骨，饿其体肤”的过程。多如牛毛的成功励志书籍里，极尽鼓吹各种成功的“捷径”，这实在是不负责任之举，年轻人深受其害，终日把所谓的“不劳而获”“一分耕耘，两份收获”奉为金科玉律。

2

我有一个朋友，他有着丰富的从商经验。他在一个新的地方开始创业，刚开始经营，就获利颇丰。他的启动资金本就充裕，再加上良好的经营状况，盈利就好比雪球越滚越大。可好景不长，所谓物极必反，几个月后他的事业突然陷入困境，生意萧条，也没了往日的利润。在此后的一年时间里，他徘徊于破产的边缘。但他的意志坚韧，没有放弃事业，他每一天需要应对的挫折与困难都像是难以逾越的高峰。最后，凭着他的坚韧，辅以潜力和经验，他脱离了困境。现实生活中，与我朋友经历类似的人到处都是。

3

商业之域，风云变幻，难有定律。能够持续赢利的商家凤毛麟角，这就譬如在高速公路上行驶，难以持续全速。商业之途亦是布满荆棘，歧路迭出：今日成功的经验，明日可能就难以复制了，优良产品的销量也总是很难持续上升，利润也不总能“芝麻开花节节高”；即使最安全的政府债券，今日的价值亦可能比明日更高。

锦绣的前程不可能就在脚下；天空也不会时时放晴，疾风骤雨总是蓄势待发。成功之道不仅在于资金和潜力的积累，也要正视未来的无限机遇。

世上的道路，必定有荆棘坎坷。暴风雨总有降临的那一天，尽管目前行驶在成功的道路上，看似鹏程万里，我们也要预想前路的障碍，放眼未来。当飓风袭来时，记得绕开障碍，并时刻准备迎击风暴。若风暴远离你，这是你的福分。当其袭来之时，充足的准备就能够保证安全。

4

世上是有“挫折”存在的，不论眼见与否，都需要我们铭记。它可能出现在这儿，也可能出现在那儿。若在你眼前出现，无须沮丧，相反，我们应以势不可挡的决心冲破藩篱，一路与之斗争到底。当眼前的障碍烟消云散之时,要向下一个障碍进攻。经受历练的心智也将愈发成熟,对于接下来的挫折也就能够坦然应对了。

若世上没有荆棘坎坷时时出现在我们前进的道路上,我们的人生之路将变得单调沉闷。

我爱我，爱努力的自己

在山职里的某个夜晚，你是否这样想过：

我们学校是一所普通的高等职业院校，若我出去找工作可能拼不过“985”“211“高校的毕业生；我的家庭条件也不好，父母都是农民，不可能给我提供太多实质性的帮助，像我这样起点低的人若想成就一番事业，简直是困难至极啊。唉，有没有什么捷径呢？当然没有。

我想很多人肯定这么想过，但是我还想直言不讳地说，如果你的起点低，你的成功之路注定会比别人走得艰难。

那些拥有着更好的教育背景、财力背景和人力背景的孩子，一踏入社会就会处于让你仰望的高度，工作环境比你好、赚的钱比你多。你必须要付出更多的努力，才能迎头赶上。

但是，如果你不害怕努力，这一切就不足为惧。

这些优秀的人时刻在提醒着我：只要你肯努力，一切皆有可能。

就像一场马拉松比赛，开始的时候是看不出谁更出色的，差距往往是在后半程甚至临近终点的时候才慢慢拉开，当运动员冲向终点的时候，没有人记得他们起跑的快慢。

人生也是如此，拼的不是起点，是坚持的耐力与成长的速度。

起点低没什么可怕的，怕只怕你不肯逼自己努力。

我见过一些名校出身的年轻人，带着些许傲慢，不屑于学习请教，导致自己屡屡怀才不遇。

我也碰到过很多和我一样未受过高等教育的朋友，他们积极上进，学习能力强，敢花时间和精力让自己脱颖而出。

学历决定起点，学习力才决定未来。

学历低，只不过让我们起步的时候辛苦一点而已，但它并不能成为我们发展的上限。

小学肄业的童话大师郑渊洁，没受过系统教育的戏剧大师莎士比亚，11岁就结束学业的大文豪高尔基，他们起点都不高，但低学历丝毫不能阻止他们发出耀眼的光芒。

他们共同的特点就是：坚持学习。

只要肯坚持，那些被我们视为洪水猛兽的障碍都能被一点一滴地攻破；只要尝试过一次厚积薄发的威力，我们就不会再害怕任何挑战。

起点低，我们唯一的资源就是我们自己，一旦放弃努力，就不会再有任何东西推着我们前行。

所以，如果我们想改变自己的境遇，就得比别人付出更多倍的努力，让学习能力和速度成为我们的立足之本。

逼自己一把，完成别人做不了的事情，做好别人做得了的事情，把别人做得好的事情做细致,这些都会成为我们的优势。

只要努力不止,进步也会不止。

那些心驰神往的机遇与平台、梦寐以求的财富与价值,都会在我们加倍努力的那一刻慢慢靠近。

想要成长为优秀的自己,除了努力之外,找准方向,拥有强大的自制力和专注力也是不可或缺的。

其实我们真的没必要去想其他人怎么样,我们需要更多地想想自己,想想自己该如何去超越他们。

我们每个人都很优秀,只要足够努力,我们都能拥有自己想要的生活。

爱自己,爱生活。

我爱我,爱努力的自己。

再见了，山职

又是一年毕业季，三年的时光，如白驹过隙，已然飞逝。似乎真的到了该说再见的时候，我的脑海里清晰地浮现出去年的这个时候送别学哥学姐们的场景，不曾想这么快我们就成了被送别的对象。正如没有人可以使自己青春永驻一样，也没有人可以阻挡时光的脚步，该来的总归是要来的。

因为大学，因为曾经的梦想，我们从五湖四海相聚在这里，直到现在，大学第一天发生的一切我依然历历在目。

在这里我们努力过、奋斗过、失败过、成功过，三年中我们有欢笑也有泪水，经历了太多，当我此时静下心来回首过去的点点滴滴，竟是这样的不舍，曾经是多么地渴望早点离开这个地方，到社会上大展拳脚，可是到了该离开的时候却发现真的是有太多的不舍。

记得大学的第一堂课就是军训，就像是入学的见面礼一样，站军姿、踢正步、做俯卧撑，现在回忆起来感觉多少还是有些酸爽，伴随着军训的结束，我们大学三年生活的帷幕正式拉开。

记得班级助理和我们说过，大学生活其实有好多种方式任你选择：如果你想在大学里锻炼一下自己的能力，为学校同学贡献一份力量，可以选择加入学生组织；如果你感觉还想继续提升自己的实力，追求更高的学历，可以选择报读自考本科；如果你有自己特别喜欢的兴趣，可以去参加社团活动，与一群志同道合的朋友度过这美好的三年。只有规划好自己的大学生活，才能过得充实精彩，才会不断进步、不断收获，最后会留下美好难忘、没有遗憾的大学回忆。我相信，我们每个人的三年都有属于自己的精彩吧！

对于我来说，学生会就是我成长的摇篮，我从一个入学时初出茅庐的小干事，到学生会主席，到预备党员，再到离校实习工作，这一路走来真的是收获了太多太多。那些人、那些事也都成为我人生中最宝贵的财富。

当我收拾行李，即将离开我生活了三年的大学校园时，不禁回想这三年难忘的岁月，颇有感触。这三年经历了许多，自己也总结了一些方法经验，此时就拿出来和学弟学妹们分享一下，希望对你们有所帮助吧。

1. 善于计划

在大学里,我最大的收获就是学会做计划,学会制定自己的长期目标和短期目标,因为有了明确的方向才能更有效率地去实现它。我习惯随身带个本子,每当学校有活动通知的时候我都会及时记下来,然后和其他学生干部们一起讨论并做计划,再一步步去完成它,我相信善于做计划的人,不管做什么事情总会有事半功倍的效果。

2. 善于反省

善于计划的人让自己少走弯路,善于总结的人使自己走的路更顺畅。大学三年可能发生很多让我们懂得宝贵的做人道理的事情,比如说竞选社团干部失败了,你有没有总结过原因呢?是你的胆子不够大?是你的语言能力欠缺?还是其他方面的原因呢?如果你进入社团了，明明尽心尽力工作，别人却还是不满意，又是什么原因呢？经常问问自己别人为什么成功，他比自己优秀在哪里，当你学会反省，学会总结的时候，就是你即将成功的时候。一旦养成总结反省的好习惯，你的大学生活就会过得如鱼得水、有滋有味。

3. 善于学习

鸟欲高飞先振翅，人欲上进先读书；腹有诗书气自华，最是书香能致远。很多人从高考的独木桥走过来后，都纷纷卸下了学习的重负，以为大学就是认识朋友、见识社会、享受青春的地方，其实我感觉大学应该是学习最重要的阶段，因为大学结束后就直接面临着走向社会，如果没有点本领怎么能谈得上大展拳脚呢？只有善于学习，饱读诗书，才可以说无愧于大学生这个称呼。

今天就分享这么多吧。是到了说再见的时候了,曾经感觉分别离我们好远好远,但这一天终究还是来了。三年前,我们从五湖四海相聚在一起;今天,我们又将去往天南海北。再一次经历毕业季我才明白,原来,我们毕业的是大学,但结束的是一段青春,我们把最美好、最宝贵的青春深深地埋在了这里。

今后我们不管走到哪里,不管在什么岗位,让我们继续填好人生的履历表,交出事业的优秀答卷,为母校增辉添彩!

再见了,山职！再见了,我的大学！再见了,我的好兄弟们！聚是一团火、散作满天星,今日一别,让我们江湖再见！

不要戴着有色眼镜去看世界

经过几千年的发展,人类社会已然变得丰富多彩。不同的地域孕育了不同的社会文明,而不同的家庭则养育了我们这些各不相同的个体,塑造了我们不同的世界观、人生观、价值观。

我们对世界的认识由于受到自身视角的限制,往往是不全面、不准确的,而这种片面、有偏差的认识决定着我们对人对事的态度,所以我们总是不能很好地与人、与周遭环境相处,并为此持续地承受着焦虑、痛苦。我们自身、我们与世界之间是怎样冲突不断、苦恼重重的,这一切背后是我们错误的态度和见地。我们想拥有又怕失去,我们为了自保而侵犯、攻击、抗拒,我们认为现象是孤立的,人我之间是界限分明的,自我是不容置疑的存在并且永远需要摆在中心位置。而事实上,事物包括我们自己在内都是无常的,没有什么能真正被保有,因而我们的抗拒、担忧乃至种种极端的情绪只是徒增不必要的苦恼。如果能改变态度、澄清误解,那么不仅我们对世界的认识会更准确、完整,更重要的是,我们将因此而更快乐、更自在地生活。视野拓宽了,就知道眼前这一事一物没有哪个是孤立存在的,必有它的来龙去脉、前因后果,在时间和空间上,各个不同的事物、现象之间其实都千丝万缕地联系着。当你想把所有矛盾和问题都归咎到某人、某件事上时,你会发现这样做很难。当你看见别人这样做时,你也能理解那种极端和狭隘是多么复杂的诸多因素共同作用的结果,有了这份了解,我们会变得宽容,因为即使是一个可恶的人,一件不合理的事,这可恶、不合理也是由许许多多的人和事共同造成的。

人活在世界上本来就有自己的特殊性,这辈子,你不需要成为谁,不需要刻意融入哪个团体,更不需要乱合群,你只需要成为自己就好,这些有色眼镜,除了伤害了别人,更封闭了自己。这世界需要多一点包容,不要总是给别人盖棺定论,任何的地域歧视、年龄歧视、性别歧视都是要不得的,它能毁掉一个人无限的可能。每一个生命都值得被尊重,人一定要有同情心,要有基本的善良品质。爱惜自己的生命,这可以说是本能,但人不只有这一个本能,人还应该有另一个本能,就是同情别人的生命,同情一切生命。如果只有前一个本能,没有后一个本能,那就和动物差不多。中国和西方的哲学家都非常重视同情这个本能,认为它是人性中固有的因素,是人区别于动物的起点,而且把同情看作是道德的基础。在中国的哲学家里,最强调同情心的是孟子,用他的话说叫恻隐之心、不忍人之心,他说同情心是人皆有之的,如果没有,就不是人。他明确地说,同情心是“仁之端”,就是道德的开端,道德的萌芽,道德是从这里发展出来的。

有色的眼镜会毁掉我们的认知,使我们不能明确地判断对与错。我们要做的,是做好自己。多给他人一些包容、一些关爱,摘下你的有色眼镜,用平等的心去看待这个世界。到那时你会发现这个世界原来是这样的丰富多彩!

别人尊重你，并不是因为你优秀

我以为别人尊重我，是因为我很优秀。慢慢地我明白了，别人尊重我，是因为别人很优秀；优秀的人更懂得尊重别人。对人恭敬其实是在庄严你自己。

懂得尊重别人是做人最起码的素养。真正做到尊重别人，则是一种境界，一种美德。孟子有云："爱人者，人恒爱之；敬人者，人恒敬之。"此话强调了尊重他人的重要性，一个人在与别人交往中，如果能很好地理解别人，尊重别人，那么他一定会得到别人百倍的理解和尊重。

任何人都不可能尽善尽美，我们没有理由以高高在上的目光去审视别人，也没有资格用不屑一顾的神情去伤害别人的自尊，假如自己某些方面不如别人，我们也不必以自卑或嫉妒去代替应有的自尊。只有学会尊重别人，才能赢得别人的尊重。其实尊重别人就是尊重自己。

一家生意红火的蛋糕店门前站着一位衣衫褴褛、身上散发着难闻气味的乞丐。旁边的客人都皱眉掩鼻，露出嫌恶的神色来。伙计喊着："一边去，快走吧。"乞丐却拿出几张脏乎乎的小面额钞票小声地说："我来买蛋糕，最小的那种。"

店老板走过来，热情地从柜子里取出一个小而精致的蛋糕递给乞丐，并深深地向他鞠了一躬说："多谢关照，欢迎再次光临！"乞丐受宠若惊般离开，要知道他从来没有受过如此待遇。

店老板的孙子不解，问道："爷爷，你为什么对乞丐如此热情？"

店老板解释说："虽然他是乞丐，却也是顾客呀。他为了吃到我们的蛋糕，不惜花去很长时间讨得的一点点钱，实在是难得，我不亲自为他服务怎么对得起他的这份厚爱？"

孙子又问："既然如此，为什么要收他的钱呢？"

店老板说："他今天是客人，不是来讨饭的，我们当然要尊重他。如果我不收他的钱，岂不是对他的侮辱？我们一定要记住，要尊重我们的每一个顾客，哪怕他是一个乞丐；因为我们的一切都是顾客给予的。"小孩若有所思地点点头。

这个店老板就是日本大企业家堤义明的爷爷。堤义明坦言，当年爷爷对乞丐的一举一动深深地印在了他的脑海里，后来他曾多次在会上讲到这个故事，要求员工像他爷爷那样尊重每一个顾客。

可以想象，这里的"尊重"绝不是社交场合的礼貌，而是来自人心深处对另一个生命深切的理解、关爱、体谅与敬重，这样的尊重绝不含有任何功利的色彩，也不受任何身份地位的影响；唯其如此，才最纯粹、最质朴，也最值得回报。

心宽一尺路宽一丈，敞开心胸善待所有人。无论是你喜欢的还是讨厌的，无论是你的朋友还是你的敌人，都要尊重他们，这是一种勇气，更是一种智慧！

感谢与你们相遇

人的一生中往往会经历许多转折点，其实最关键的也就那几个，但是，就是那几个关键的转折点，成就了现在的你，也将影响未来的你。

2017年，我经历了人生中几乎最重要的事情——高考。高考对于中国亿万普通家庭的孩子来说，是这辈子最重要的事。三年寒窗，熬过无数的夜，刷过无数的习题，终于等到了那一天。三年的成果汇总在那份薄薄的试卷上，划定了你与过去的分界线。从此，你将迈入新的生活阶段——大学。

高考成绩下来后，更重要的是选大学专业，很荣幸我能成为山职铁道专业的一名新生。等待录取通知书的那段时间，时间变得很慢，我的心情也越来越激动，仿佛只有那张纸才能真的让我放下悬着的心。直到真正把那个信封拿到手里拆开时，我的心才踏实下来，我终于要迈进大学的校门了。

母亲一直叮嘱我要在生活上注意些什么，非常不放心我的离开，父亲却未说过只言片语。看着父亲为我置办住校的生活用品，看着父亲不断地在手机上搜索着学校的新闻，我明白了，父亲虽未说过什么，但他心里还是不放心我，他硬憋着，不和我有任何交谈。而我，都看在眼里。算着日子，马上我就要离开家了，离开生活十七年的家，离开爸妈，自己迎接大学生活。而我，究竟想成为一个什么样的人，这个问题让我在许多个夜晚无法入眠。我究竟想过一种怎样的大学生活，我又如何才能对得起父母的养育之恩，这一系列的问题让我想要慎重地对待我即将到来的大学生活。

父母将我送到宿舍后，我便催他们离开了。我知道，离别越短暂越好，不然会更舍不得。环顾周围陌生的环境、陌生的同学，我感到无助彷徨。我告诉自己，我需要在山职努力学习，充实自己，不让父母担心。

很感谢来到山职后所遇见的老师和学哥学姐，感谢我的同学和朋友。是他们教会了我如何适应大学的生活，让我进入了一片新天地。在山职，我收获了太多太多。在山职，我很荣幸地加入了新媒体平台，第一次能有机会让大家在微信平台上读到我写的稿子。我也参加了许多活动，结交了许多的好朋友，做了很多以前没有机会做的事，让自己有了前所未有的经历与体验。

曾经有人问我到底后不后悔当时的决定，我的回答是肯定的，我绝不后悔。我很感激能来到山职，能遇到你们这些善良而美好的人，这是我最开心的，也是最幸运的事情。

天南海北，能遇见你们是极其幸运的；能与你们相识，更是何其荣幸。都说人越长大越孤单，但我在十七岁这年，经历了我人生中的转折点，也收获了最棒的礼物，就是你们的支持与陪伴。感谢与你们相遇，感谢十七岁。

旅　　行

美好的暑假生活应该是丰富多彩的。据统计,最适合大学生度过暑假的方式之一就是旅行,大学生的旅行不再仅限于欣赏风景和吃喝玩乐。我们的旅行应该是一场旷达明净的远行,将心情和自由放进行囊,携着温润的思想和情感,一路匆匆赶赴,又闲庭信步,流连于老街小巷,无悔于青春。于寥落时觅求繁华,又在璀璨中寻找淡然,在疏离时渴望热烈。

1

在平时的生活中,我们会受到外界各个方面的影响,社会繁华、喧闹,我们为了生活、工作奔波忙碌,或许没有机会静下心来放松自己,而旅行就是一个可以释放自己、放松自己的机会。

2

可以去苏杭古街体验历史的痕迹。青石铺就的小径,尽管承载了行人匆匆的脚步,可依然苔痕斑斑。这里的石板仿佛永远都带着湿润的印记,那些擦不去的过往,在老去的年华里一如既往的清凉。

可以去云南大理体验自由与洒脱。漫步在林间曲径,听风声起落,感天地纯然,在这里,风都是静止的,而思想却是流动的;在这里,每一处的风景都充满着故事,都值得被呵护珍藏。

可以去上海、广州体验繁华和追求。行走在繁华的街道上,远处耀眼的霓虹灯在闪烁,这繁华的都市充满了拥挤的人群和无数的梦想。在这里,我们可以变得更加有朝气,更加知道努力。

3

我们可以去的地方有很多很多,其实旅行的目的是提高自己,充实自己,让自己的内心感受到真正的快乐,而不是旅行过后的夸夸其谈。所以开始一段自己想要的旅行,收获更好的自己吧!

无论选择去哪里,无论选择抱着怎样的心态,我们都要以享受的态度去开始一段旅行。那就让我们趁阳光正好,微风不燥,进行一段完美的旅行吧!

不要让失败掩盖了成功的希望

漫漫人生路，时而坎坷，时而坦荡。我们就算饱受挫折，也不应该自暴自弃，或许我们并未被击败，或许成功的曙光就在这失败之中。

1

在一次讨论会上，一位著名的演说家没讲一句开场白，手里却高举着一张 20 美元的钞票。面对会议室里的 200 个人，他问："谁要这 20 美元？"一只只手举了起来。他接着说："我打算把这 20 美元送给你们中的一位，但在这之前，请准许我做一件事。"他说着将钞票揉成一团，然后问："谁还要？"仍有人举起手来。他又说："那么，假如我这样做又会怎么样呢？"他把钞票扔到地上，又踏上一只脚，并且用脚碾它。尔后他拾起钞票，钞票已变得又脏又皱。"现在谁还要？"还是有人举起手来。"朋友们，你们已经上了一堂很有意义的课，无论我如何对待那张钞票，你们还是想要它，因为它并没贬值，它依旧值 20 美元。人生路上，我们会无数次被自己的决定或碰到的逆境击倒。我们觉得自己似乎一文不值。但无论发生什么，或将要发生什么，在上帝的眼中，你们永远不会丧失价值。在上帝看来，肮脏或洁净，衣着齐整或不齐整，你们依然是无价之宝。生命的价值不依赖于我们的所作所为，也不仰仗于我们结交的人物，而是取决于我们本身！我们是独特的——永远不要忘记这一点！"

2

有人不小心打碎了一只花瓶，但他没有一味地悲伤叹惜，而是俯身精心收集起了满地的碎片。他把这些碎片按大小分类称出重量，结果发现：10~100 克的最少，1~10 克的稍多，0.1~1 克以下的最多。同时，这些碎片的重量之间表现为统一的倍数关系。于是，他用这个"碎花瓶理论"来恢复文物和陨石等不知原貌的物体，给考古学家和天体研究带来了意想不到的效率。这个人就是丹麦的物理学家雅各布·博尔。

3

在这个世界上，有许多高深的理论其实就来自我们司空见惯的日常生活中。如果我们只是一味地悔恨懊恼，愁怅地收起满地的碎片一倒了之，那么我们又怎会知道垃圾堆里此刻正盛着一个伟大的理论呢。

每个人的价值取决于他本身，在人生路上，即使我们会无数次被自己的决定或遇到的逆境击倒，但是我们依然有自己的价值，仍要勇敢地面对生活。

哪有什么一夜成名，还不都是百炼成钢！

时光清浅，新的一天总会如约而至。高中毕业，意味着我们告别了稚嫩与童真，步入大学，我们就应该活出自己的色彩！

1

大一新生已经入学，你们开启真正的大学生活了。你们或许对大学生活充满这样或那样的期待，你们或许已经立下豪言壮志，你们或许想要完成心里的某个目标。但是，这些或许只是想象，要想实现你们的目标和期待，你们必须要付出努力，而且，在努力的这条道路上可能会遍布荆棘，你可能会一路畅通，但是勤奋与努力是你必不可少的基石。

2

或许，你会感觉你现在看到的大学生活与你想象的差距很大；或许，你会对你的现状感到迷惑；或许，你会对未来感到无措。但是，脚下的路应该怎么走，未来过怎样的生活，只有你自己能决定。

3

现在大家看到荧幕的易烊千玺应该是零零后的榜样，很多不同年龄段的人都以他为目标，在羡慕的同时他背后的经历更引人深思。他曾经对媒体说过这样一句话：哪有什么一夜成名，还不都是百炼成钢！是啊，当初只有十三岁的易烊千玺加入“加油男孩”组合时，他们被粉丝骂哭，有人说他丑，有人说他拖了组合的后腿，那时的他没有解释，只是靠自己的勤奋与努力，才成就了现在的易烊千玺。

易烊千玺的这句话，告诉我们他自身并没有像我们看见的这样一帆风顺，话语中透露着几分无奈；同时也告诫我们，要想成功，应该靠勤奋与努力克服困难。刚进入大学校园的我们，应该努力适应大学的生活和学习节奏，尽快融入新的生活。

蜿蜒曲折的人生旅途中，唯有勤奋，才是我们不断前进的动力；丰富多彩的大学生活中，唯有努力，才能让我们不断丰富自己、提高自己。所以，我们要勤奋与努力，为未来的生活开疆扩土！

静等花开

1

等待有时也是一件让人感到幸福的事情,尽管这个过程会无聊,会枯燥,但是它却有着一种令人着迷的韵味。

2

看不清的未来永远透着神秘感,等待我们去揭开它的面纱,揭开的那一刻也许欣喜,但内心隐藏着的渴望与激动终于平复。

等待与其说是一种形式,不如说是一门艺术。在安静等待时,你会流露出真切的表情,不急不躁、面如春风的人便是早做准备、充满自信与活力的人;那些眉头紧锁、呼吸不紊的人就是焦躁且不自信的人。静心等待会磨炼出内心的高雅与处事不乱的心怀,也许等来的不是自己想要的,但是等待的过程是多么难能可贵。将等待作为一门艺术的人自身带有独特的魅力。

3

每个人都有一颗花的种子,虽然花儿各式各样,灿烂地绽放,但怒放之前却需要静静地等待。不要瞻前顾后,相信每一朵花都有属于自己的花期,只需细心呵护,静心等待,陪伴着自己的花逐渐成长,替它遮风挡雨,伴它沐浴日光,这样的静心等待便成了一种幸福的存在。也许,这颗种子永远不会开花;也许,它不是花的种子,而是参天大树的种子呢。“其实人生,就是由一段一段等待拼接而成的,等一片花落,等一方月圆,等一人归来,等一缕尘缘”,其实等待并不是那么无聊,因为你时刻都在等待之中,只是你自己不知道罢了。

等待是成功的一半。自古就有越王勾践卧薪尝胆,在吴国苦等三载,成就了“三千越甲可吞吴”的佳话!朱元璋“缓称王”,正因为他的耐心等待,终成大器。即使等待的过程是如此的艰难,历经磨难也绝不放弃。我相信命运不会亏待那些静等花开的人,心中有着自己的目标,并为它而等待着,面朝前方,眺望自己的希望。

4

现在的我们有些毛毛躁躁,等待时的心境并不是清爽而又美好的,而是略带些埋怨与焦躁。这样的心绪将不利于以后的发展。等待伴随在我们成长中的每一个阶段,是我们进步的阶梯,所以我们要学会等待,静心地等待即将发生的每一件事,期待着美好的来临。让静心等待成为我们生活中的一部分,不断地治愈我们的心灵,使我们的内心时刻充满着憧憬与希望,让平静与柔和在我们心中放飞,逐渐提升自身的魅力。

让我们就这样静静地等待着,等待着我们的花儿盛开。

每粒尘埃都有光

在浩瀚宇宙中,明星是一粒尘埃,缺月是一粒尘埃,流星同样是一粒尘埃,尽管如此,它们却仍然高挂空中,熠熠生辉。

1

韩非在《韩非子·喻老》中说:“千丈之堤,以蝼蚁之穴溃,百尺之室,以突隙之烟焚。”大意为:相较于千里河堤与百尺高楼,一只蚂蚁和一道缝隙完全可以看作为其中的一粒尘埃,可就是这一粒毫无可见之色的尘埃却摧毁了这般庞然大物。这也同时让我们认识到,像是尘埃一样的细节能够决定成败。由此可见,世间万物各有其存在的意义,无论其意义对人类有益与否,我们都不能否认它们有存于世间的资格,它们在为己喝彩,在为自己发光。

2

苏轼在《赤壁赋》中叹道:“寄蜉蝣于天地,渺沧海之一粟。”苏轼将人比喻为天地之间极为渺小之物,悲叹人生缥缈短暂。难道真如东坡居士所说人的一生处境注定虚无缥缈吗?人生固然短暂,但这并不能代表人的一生注定碌碌无为。东坡居士作为北宋文官,或许他在官场上屡遭挫折,但其文学成就却流芳千古,他的诗词雄浑大气,豪迈奔放,对当代及后世的诗词歌赋气韵产生了极大影响。即使东坡居士将自己比喻为人间的一粒粟,这其中也不乏他对人生的感慨,但他终归不是悲观主义者。其“逝者如斯,而未尝往也;盈虚者如彼,而卒莫消长也”则表现了他豁达的宇宙观和人生观,他赞成从多方面看待问题。因此,即使他处在逆境中也能保持豁达、乐观、超脱和随缘自适的精神状态,并能从人生无常的怅惘中解脱出来,理性地对待生活,从而达到“相与枕藉乎舟中,不知东方之既白”的境界。

3

于茫茫人海中,我只是一粒尘埃,没有那么重要,所以我不能幻想自己在别人心里有多重要,但是我始终是唯一,有属于我自己的那一份性情。诚然,每个人的性格与思维都不同,所以每个人的成就与未来也不尽相同。所谓成就,不过是事与物相互结合成为一切生命所期盼的事情,而每个成就的背后不约而同都承载着一种宁静致远的品质。唐代著名的慧宗禅师酷爱兰花。一日大雨倾盆而至,兰花被击打得花叶飘零,当众弟子都因担心师父为兰花伤心来安慰他时,禅师却说:“当初,我不是因为生气而养兰。”正是这一份宁静与豁达才使禅师永远保持快乐的心境,闻名于后世。因此在每粒尘埃努力发光的同时,虽宁静无以致远的品质同样也渗透于每粒尘埃的心境,沉淀成光。

其实,每个人不过就像沙漠里的一粒尘埃,来是偶然,去是必然,无须埋怨,只管以最从容的姿态安之若素。秋日里,用菊花煮竹叶青,人与海棠俱醉。

弱水三千,只取一瓢饮。每粒尘埃,只为自己发光。

书，隐形的翅膀

我曾经听过一首好听的歌，歌名叫《隐形的翅膀》，那优美的歌词和动听的旋律时常回响在我的脑海中：“我知道我一直有双隐形的翅膀，带我飞，给我希望……隐形的翅膀让梦恒久比天长，留一个愿望让自己想象。”

其实在我心中，书籍便是那双隐形的翅膀，宋真宗赵恒说过：书中自有颜如玉，书中自有黄金屋。清人张潮在《幽梦影》中说：“书中有山水”，高尔基曾说“书籍是人类进步的阶梯”，可见书籍的重要性。

书籍就像一双隐形的翅膀，带我飞跃历史长河，看尽浪奔浪涌，云卷云舒。我看到李白在月下举酒杯，享受着对影成三人的孤独；也看见苏轼披蓑戴笠在雨中驭马飞驰，抒发着“一蓑烟雨任平生”的豪气；还看见塞北的风沙飞扬，王昭君为了祖国安危、家园和睦，毅然出塞，行进于大漠之中；思绪逐渐飘远，我看见了贝加尔湖畔的梭伦，清澈如湖水般的眼眸中透出的是无尽的悠然。

李白的孤独让人悲伤，苏轼的豪情壮志让人倍受鼓舞，昭君毅然出塞让我钦佩不已。这些历史中的人物为时势所造就，却被岁月所抹去，被后人所流传下来的他们仅存的痕迹，便是被铭刻在书籍中的精神。

沧海桑田，风霜洗尽铅华脂粉，社会不断发展变迁，存在于书籍中的文化也随之被提炼，让书籍这双隐形的翅膀变得凝实。众多文化类节目不断映入观众眼帘，让原来仅存在于书本中刻板的文字变得活灵活现起来，让传统文化以新的形式融入我们的日常生活中，但不变的还是中华文化的内涵。然而，事事具有两面性，伴随文化新形态而来的是传统纸质书籍的没落，人们终日抱着手机、电脑而非书籍，这造成的远不止是年轻人近视率的提高，还有人们提笔忘字，甚至部分文化的流失。在实现中国梦和中华民族伟大复兴的路上，发扬传统文化尤为重要，我们应当让书籍这双隐形的翅膀守护住我们的初心，将传统与现代相结合，以现在的文化形态激发人们的兴趣，指导他们转向传统书籍，去深究中华文化的内核，树立文化自觉和文化自信，让书籍成为引导我们走向未来的指路明灯。

北宋张载提出“为天地立心，为生民立命，为往圣继绝学，为万世开太平”，作为一名大学生，我们更应该肩负时代赋予我们的责任，我将坚持团结、勤奋求实、创新的精神，在大学不断完善、发展自我，为天地立心。我愿一直与书籍为伴，让这双隐形的翅膀给我力量，带我飞向远方。

我是一粒尘埃

我是宇宙中的一粒尘埃,历经千山万水来到这个世界。

但是我都不记得这些事情,一直认为自己是一个卑微的存在,表面自己主宰一切,实际被天地人道左右太多。我只有努力存活在这天地之间。更多的时候我停留在被人忽视的地方,很少有人在意我的存在。只因为我渺小;只因为我实在微不足道;只因为我是一粒尘埃。尽管我抵御了潮湿的岁月,保护了事物的色泽,但是没有人愿意把漂亮的词语用在我的身上,人们只不过时不时地拍打着我,很少有人喜欢我,因为我会影响一个人清爽的形象;影响干净整洁的屋子;影响美丽的心情。我停留的地方让人感觉陈旧、灰暗、低沉。于是人们用一尘不染来形容想象中美好的事物。

我不知道自己为什么而存在,只是在迷茫中混混度日。某天的一个梦让我想打开另一个世界。

我期盼着风的到来,期盼着水的到来,期盼着可以带我走的事物到来;我渴望着打破现状,虽然我是一粒尘埃,置身芸芸众生中。沧海一粟,轻于鸿毛,但是世界上找不到两片相同的叶子,我立于茫茫天地之间,独一无二,无可替代。

我期盼着愈来愈近的日子,我坚定相信明天就会离开现在这个世界。在漫漫等待中迎来了离开的日子,早就适应这里的我来到这个新的世界并经历痛苦和挣扎,但是我一直相信有梦就要去追,从不留恋过去,从来没有后悔,路在脚下,全靠自己。只要勇往直前,痛苦往往都会解决,只有这样才能迎接新的生活和新的世界。

我相信在新的世界我将有所改变,重新开始一切,通过历练不断改变自己,让自己变得更加优秀,让自己的存在更有意义,不断地发掘自己的潜能,发挥一粒尘埃的能量。

说到底:

我是一粒尘埃,是万千尘埃中的细小形态;

我是一粒尘埃,是一个被人们忽视的存在;

我是一粒尘埃,是掉进大海里面找不到尸骸的存在;

我是一粒尘埃,我的世界是一片空白;

我是一粒尘埃,空白中萌生一丝梦想;

我是一粒尘埃,在追梦的路上。

我向往的大学生活

我们与稚嫩的过去告别，与曾经的挚友分离，与所有不开心的一切说再见，我们怀揣着梦想，带着父母的期望和嘱托欣喜地迈入了这片圣土。告别故乡，踏上新的征程，我们再次出发！

大学，这个充满神奇与魔力的地方，这个让梦想生根发芽的天堂，这个让无数学子实现人生价值的殿堂，我们将以自信的笑脸、积极的心态迎接美好的大学生活。

北大校长曾经对北大学子说："诸君是研究高深学问，须抱定宗旨，互相勉励。"学子们以昂扬的姿态朝目标前进，潜心治学，坚持不懈，这就是我向往的大学生活，而非终日无所事事，闲暇时刷视频、看网剧、打游戏，放纵自己，消磨青春。

《半山文集》中提到："若是想要生活变得精致，平静下来的生活最精致，平静里有专注，专注里有细节，细节处有丰盛，丰盛处必有所创造。"这也是我向往的大学生活，精致又简单，把一切不属于生活的内容剔除得干净利落，深深地扎入生活，吮尽生活的精髓，过得扎实，简单，再简单。

初次踏入大学这片圣土，无论我们是否褪去了稚嫩和懵懂，无论我们是否有能力扛起重担，创造价值，我们都应该接受现在的样子，同时也完善现在的样子。运动让人更有气质，读书让人开阔视野，穿衣打扮让人对每天都有期待，不需要成为别人嘴里的那个人，只愿自己在摩肩接踵的人群里，不会因为平凡而感到心慌，心里有底气，在最美的年纪里遇见最好的自己。

在大学我们将度过一段人生中非常难忘的日子，在这里我们将深交几个挚友，在这里我们将会成长为有能力、有担当、有作为的新时代青年，在这个才华兼具竞争、博学兼具挑战的舞台上，我们挥洒汗水，逐梦扬威，尽全力把自己的角色演绎到最完美！

路遥在《平凡的世界》中说："生活包含着更广阔的意义，不在于我们实际得到了什么，关键是我们的心灵是否充实。"

俗语又曾言到："太上有立德，其次有立功，其次有立言，虽久不废，此谓不朽。"任何事业、学业的成功，都要以自身品德的修炼为根基。

祝愿我们的大学生活过得简单充实而有意义！

赏识他人　悦纳自己

“世有伯乐,然后有千里马,千里马常有,而伯乐不常有。”无怪乎,人们常感叹:人才难得!其实,世上不乏有才之士,缺乏的是发现人才的眼睛和造就人才的环境。

建安十二年(207年),诸葛亮27岁时,刘备“三顾茅庐”于襄阳隆中,问以统一天下大计,诸葛亮精辟地分析了当时的形势,提出了首先夺取荆、益两州作为根据地,对内改革政治,对外联合孙权,南抚夷越,西和诸戎,等待时机,两路出兵北伐,从而统一全国的战略思想。这次谈话即是著名的《隆中对》。

学会欣赏别人,是一种人格修养,一种气质提升,有助于自己逐渐走向完美。一个人总能在某一方面胜过别人,但在其他方面也总会有人比他强。

英国生物学家达尔文年少时读的是剑桥神学院,神学成绩不佳。很多人认为达尔文智力远在普通人以下,是个平庸者。但是植物学教授汉罗却看出达尔文有特殊的才能。他特别看重达尔文的观察力和独立思考的治学品质,并力保他随贝格尔舰进行环球科学考察,从而使一个“平庸”者成为举世瞩目的科学家。

诚然,人活于世,除了要学会赏识他人还要学会悦纳自己。

生活不要太刻意,做不到的事情,不要勉强;不喜欢的言语,可以不听。人活一生,不必过分讨好别人,善待自己,好好爱自己最重要。心中的困厄不释怀,他人也难以助自己脱离困境。

悦纳自己,是对自我的充分肯定,是对自己天生不足的补充,是对后天不够努力的反省,是对未来生活的憧憬,是对自我足够的重视与关注。

如果我不拥有长江之恢宏气魄,那么我也决不因此而放弃小桥流水之婉约轻柔,只要是生活赐予我的,我都喜欢。我欣赏他人的谈笑风生、应酬自若,但我同样欣赏自己的文静、含蓄、深沉。所以,我们既要学会赏识他人,同时也要懂得悦纳自己。

一路有你

那是心灵的一股清泉，流不尽，吐不完，一直奔流到永远……

——题记

路边一树摇曳的白玉兰，庄严而又圣洁，只可惜西边的树干稀稀拉拉，粗糙丑陋，满是疤痕。

清晨，我哼着小曲大步流星地走到车站，祈祷着公交车快点来。此刻，妈妈却正从马路对面一路小跑焦急地朝我飞奔而来。只见她披着头发，身上只简单的披着一件衬衫，一边向我挥着手中的外套一边大声喊道："今天降温啊！"

风和日丽的，怎么会降温呢？我抑制不住内心小小的不满，朝着妈妈使劲地挥了挥手，算是拒绝也算是再见，随即跳上了公交车。望着车窗外恼怒的妈妈，内心涌现出一丝愧疚，大清早让她白跑一趟。

下午天气骤冷，我抵挡不住冷风"热情"地呼唤，加入"感冒"大军。回到家，我憋着大大的喷嚏躲进屋子里，一个接着一个打出来。这时，一阵醇香从身后袭来。

只见妈妈端着一碗热气腾腾的姜汤，"快趁热喝"。我看着那碗姜汤，清澈得可以照射到我的内心，我迫不及待地端起来，一口一口喝下去，一股暖意缓缓弥漫，一股热气在我眼前幻化成一片水雾……我骤然怔住了，鼻头一酸，这大概就是爱的疗效吧！第二天上学，我又路过那棵散发着馥郁香气的玉兰树，洁白的花瓣东密西疏倒也错落有致，它是不是和妈妈一样考虑周到、仔细呢？细细看来，西边的楼房遮住了阳光，不利于花儿生长，它为了开出更多更美的花朵不停地向外向上伸展，不疏忽懈怠每一朵花朵……

在晴朗早晨被迫披上的外套，感冒时及时端来的那碗姜汤，不经意间书包里翻出的巧克力，下雨天不期而至的雨伞，琐碎的细节都是妈妈爱的表达。我轻轻地将刚摘的一朵玉兰花放在床头，香气四溢，弥漫整个房间，这大概就是爱的芬芳吧！

最爱的妈妈，因为一路有你，所以我在人生道路上再也不会寒冷；因为一路有你，我的人生绽放出世间最美的花儿；因为一路有你，让爱的芬芳充实我的内心。

与书为友

当中国步入读书时代,世界上的人们就知道这只"东方雄狮"要站起来让世界抖上一抖了。

——题记

与树为邻,可以体会到自然的芬芳;与海相依,可以感受到海浪的从容;与书为友,可以领略到生命的真谛。

书,是一切事物变强的根基。

"生当作人杰,死亦为鬼雄",李清照踱步双溪江边吟唱着。她看到我,说道:"这项羽是人杰,不该化为江边尘土的。"说完回过头去自顾自地走着。我翻开另一页找到了项羽:"此战是天要亡我,非战之罪也。"我心里嘲笑,本来能过江为何放弃,直到他慷慨赴死我仿佛知道了原因,他是霸王,宁愿赴死也不愿给一生添上污点。耳边响起一首诗:"力拔山兮气盖世,时不利兮骓不逝,骓不逝兮可奈何,虞兮虞兮奈若何。"

与书为友,向历史迈进,在书中走一遭,正确地认识历史。

昏暗的灯光,一位将军半卧在榻上,手中持一本兵法仔细研读,他是辛弃疾,沙场点兵的辛弃疾。自从被朝中群老弹劾,距离他离开战场的日子越来越近了,终于在一天午后他不得不放下佩剑,回家"养老"。他不想这样结束,于是以书为友,以书为剑,剑指朝中的奸佞,他想起了小时候的读书声:"金瓯缺,月未圆,山河碎,心不安。"

与书为友,把栏杆拍遍,持书的辛弃疾终于懂了,他要以书为营,以纸和笔为武器,在这场没有硝烟的战场上继续"杀敌"。

"且放白鹿青崖间,须行即骑访名山。"豁达的诗句来自他,一手持书,一手持酒的他慢慢走进我的视线,他就是人们口中的诗仙——李白。一生起伏波澜的他从未被现实打败。"呵,是酒不好喝还是书不好读,为什么要臣服于现实",李白笑着说,说话间还不忘往自己嘴里灌一口葫芦里的酒。他摆了摆手,说道:"书是友,酒在手,剑,就在心中,'十步杀一人,千里不留行'。"

以书为友,给了李白战胜污秽的世界、战胜残酷的信心,同样,也给了我莫大的自信。

书自古以来就是人的朋友。

"读书破万卷,下笔如有神"的杜甫,"书是人类进步的阶梯"的高尔基,以及"为中华之崛起而读书"的周恩来,无一不是以书为友来创造辉煌的。

只要把书当朋友,你自然会明白"书中自有黄金屋,书中自有颜如玉"的道理,多说无益,自己去体会一下"爱不释卷"的感觉吧,去领悟一下生命的真谛、生活的真理。

莫让安逸浇灭激情

我若能克制尘世的欲望，那当然是无比高尚。我即使忍受不了这寂寞，毕竟也享尽了人间的欢乐。

——题记

在馥郁的季节里因花落，因寂寞，而我含泪唱出的不过是一首无调的歌，却在突然之间因灯亮，因幕起，因你的回眸，我的歌竟成为这一幕中的辉煌。此时我才认识到安逸即是激情的最大宿敌，享安逸者，会在时间的长河中，湮灭激情。

因此，我懂了，万事皆难两全，人必受苦难，方能铸大业，成大器，才能不粗俗，才能点燃激情之火。“生于忧患，死于安乐。”这句话流传至今，历史演进，人事更迭，那些不变的终究是改变了本身。所以，只有“变才通，通才久”，那些沉溺于安乐之中的人们消殒了他们的激情，也正因如此，梦想失去了原动力，也就犹如一湾死水。然而更有甚者，竟迂腐不化，不知变通，最终退路尽失，可笑亦是可悲。

想晚唐天下，不思进取，竟因一女子而国崩离析。再看明清海禁，最终如何！诸如此类，不可胜数。这些历史都是血淋淋的教训。

佛教的因果轮回论曾说：人生时尝尽世间百苦，死时方去西方极乐。没有痛苦存在的人生有什么意思呢？

著名演员娜塔莉·波特曼曾以电影《这个杀手不太冷》中的小女孩一角红遍好莱坞，然而她选择继续深造求学，终于在电影《黑天鹅》中再次证明了自己的演技，娜塔莉终于成为天鹅湖畔最美的天鹅。此外，“小李子”莱昂纳多，从小鲜肉转型后，摇身一变成了演技大咖，在颜值掉线的时候，以演技再次吸粉。《禁闭岛》《被解救的姜戈》《荒野猎人》这些电影中，皆有莱昂纳多塑造的不朽形象。敢于撕掉标签，不甘于现有的安逸，满怀激情，赤子追梦，这是优秀的人不平凡的地方，这也是我们应该学习的！

安逸是容易传染的病毒，身边安逸的人越多，自己就越容易被感染；安逸是无底的深渊，你只要望向深渊，就会被他牵住，让你越陷越深；安逸是慢性毒品，当你尝到其中的甜头时，你早已万劫不复。因此，让我们摒弃安逸，胸中满怀热情，永远积极向上。

然而，我所说的拒绝安逸，并不是要大家时刻保持高度紧张，不敢放松。那种每天机械化的生活会禁锢我们的思想，干扰我们的认知，人若长期处在这样的状态会变得麻木。因此需要停下来，让灵魂跟上自己的步伐，适度娱乐，享受自己的生活，这种状态称为安闲。此刻的安闲是为了下一刻更好地投入工作学习。它不同于安逸，安逸是最令人着迷的酒，而安闲是让人振作的茶。一松一驰尽享人生百态，我们方能体会到人生的万般滋味。

沙滩上浊浪般的星火只为照亮我们前行的路，而心怀热情、青春肆意的我们定是那蔚蓝的大海之上最美的浪花。

心中有诗意,脚下有远方

小猫咪依旧蜷缩在我脚边,就像每个午后躺在树旁的树叶,安安静静的,闪着耀眼的光。一阵风来,一阵风去,猫咪打了个滚,树叶翻了个身,我闭上眼,在古藤椅上小憩。

中午我就斟酌着如何把自己喂饱,似乎吃饱才能让我知足。我们都在一件又一件或大或小的事情中丢掉了享受生活的意识,就连最平常的好好吃饭,好好睡觉,好好爱一个人,都有千万个理由不去好好做。但是人一旦忙起来,对自己真是毫不留情,饭吃一半就跑,却习惯深夜手边放杯咖啡,约个会还得抽空。我没有想过,我也可以有个午后,那么温柔,那么温暖地接纳灵魂和躯体。说不上有什么好,就觉得闭上眼会很舒服。阳光是五彩的,树叶会说话,天空飘来云,地上洒满太阳的光影,恰好有一个我,目睹了一切,似梦非梦,云里雾里轻盈又欢脱。

生活最是调皮,抢走你心爱的玩具,嘲笑你与生俱来的憨直,甚至在南墙后面还要冷不丁伸出一只脚来,让你越来越不容易。我从书中看到过很多人的故事,都源于生活,生活的厚待、生活的捉弄于他们而言都成了恩赐,他们可以把生活说得一文不值,也可以让生活多姿多彩,他们身处其间,可以很快乐,很悲伤,很孤独,很清雅……生活的精彩瞬间回归到了调皮,有趣的不是故事,而是故事里的灵魂。

我们活在自己的年纪里,看着自己身边的风景。喜悦也好,快乐也好,都要自己体会;迷茫也好,焦虑也好,都要自己去感受。生活是自己的,所有的喜怒哀乐,酸甜苦辣,唯有自己体会最为深刻。和聊得来的人聊天,做眼前摆着的事,对自己负责,不去别人的生活里指手画脚,不要轻易被影响。希望我们多年以后,再次回想起来,让我们觉得真实和骄傲的,是我们昂首挺胸努力走过的人生。想起作家刘同说过的一句话:从负隅顽抗到冷静旁观,才明白成长中种种的孤独感,如今看起来都是无形的忘我成长。是啊,我们要学会认识人生,学会感恩生活,因为它不仅赐予我们希望的种子和温暖的清风,更因为它向我们展示树木顽强生长的过程,清风勇敢奔腾的身姿,以此来激励我们在未来的人生路上,辛勤播种,驭风而行,活出洒脱的姿态。

未来太远,现下就是永远。就像松浦弥太郎说的:“有很多时候,勇气不是从你脑袋里生出,而是从你脚下涌现的。”很多人因为拖延,而绊住双腿,使他们的聪明才智遗憾蒙尘。你可能因为看到别人的好身材而决定健身,可能因为一个励志的演讲而决定努力……这些或许都是你的心血来潮,过后便是“好了伤疤忘了疼”。一时刺激能改变一时,却无法形成持之以恒的动力。如果想要改变,要么想办法刺激自己,要么发自内心地去坚持。你踏出第一步,虽无人能保证你一定能抵达成功的彼岸,但如果不迈出脚步,你就无法抵达任何地方。请好好努力,好好生活,不必等到什么好状态、好天气,就在此时此刻。

量变的积累总会有质变的那一天。过去的每一天，你看的每一本书，你做的每一件事，你付出的每一分努力，你偶然遇见的人……都在一点一点影响你的现在和未来。你一路丢掉的都是你曾经坚守的，你拥有的都曾山遥水远，遥不可及。你放弃的就别后悔，你承担的都是你选择的。别犹豫，别后悔，有热爱，有坚持。那就是你最好的样子。或许你又要感叹人生的不公，你迷茫，你忧郁，你毫无方向，所有的无所事事都变成了心事重重。跌跌撞撞后渐渐明白，人生哪有公不公平，所有的荣耀和曙光，都是自己去努力争取来的。所有的风景，都是跋山涉水，一步一步走出去，才能看得见的。你也曾飞蛾扑火，也曾披荆斩棘，也曾被不屑一顾。你也爱过，也被爱过，你安慰过别人，也被安慰过，这世界并没有特别亏待你。

小猫咪开始半眯着眼，数落地面的灰尘，碰得满头是灰，还在滑稽地打盹。很多年前的事，被时间清算得剩下不多，仿佛闭上眼睛就会很舒服。香樟树成了法国梧桐，鸟鸣声成流金岁月，我不是微尘而是挂在埃菲尔铁塔顶端的一阵风，飘不远但依然努力着。

卅载光阴弹指过，未应磨染是初心。希望你一直在努力为自己而活，心中有诗意，脚下便有美好远方……

与经典同行，品味人生

什么是所谓的经典？语文老师告诉我的是：经典就是永垂不朽的作品。这是我第一次真正明白经典的含义。因为有经典，我们的生活变得丰富多彩；因为有经典，我们的生活变得博学多才；因为有经典，我们的祖国正走向繁荣富强。

统观当前，读书的人数不胜数，阅读的类型也不计其数，可是阅读经典的却寥寥无几。放着《红楼梦》贾宝玉、林黛玉凄惨的爱情故事不看，反而抱着各种言情小说看个淋漓尽致；放着《三国演义》中的英雄策略不领会，反而对武侠小说如痴如醉；放着《西游记》的降妖伏魔不欣赏，反而对动画片的战斗情节讨论个喋喋不休……在花样年华里，我们更需要的是阅读经典，感悟经典，做一名有内涵的大学生。

经典常常把我们带入另一个世界，在这个充满经典气息的世界里，我们会饱览祖国的风光，会见证历史的奇迹，会在历史与未来之间自由穿越。

钟爱和孔子在《论语》中相逢，简洁的话语透射出深刻的为人处世哲理。一个人从接受知识到运用知识的过程，实际上就是一个记与识、学与思的过程。学是思的基础，思是学的补充，这二者是紧密相连，缺一不可的。只有学而思之，才能将所学的知识融会贯通，举一反三。

偏爱和李白邂逅在一首首古诗中，简简单单的方块字组成一首首别具风格的古诗。他诗歌中的语言，有的清新，有的豪放，但都是在“清水出芙蓉，天然去雕饰”的自然美之中，当然这和他自觉地追求美有关。李白时常借助想象，超越时空，将现实与梦境、自然界与人类社会交织在一起，他笔下的形象不是客观现实的直接反映，而是其内心主观世界的真实呈现。

喜爱和鲁迅先生相遇在一篇篇散文中，每一个并不复杂的句子都蕴含着深奥的含义。我敬仰鲁迅先生，是因为他是有骨气的人，他没有丝毫奴颜和媚骨，这是人民最宝贵的性格；在文化战线上，他代表全民族人民的大多数，是向着敌人冲锋陷阵的最勇敢、最坚决的民族英雄。他的一生是为中华民族的生存和发展挣扎奋斗的一生，他用自己的笔坚持社会正义，反抗强权，保护青年。

热爱和冰心奶奶在《繁星·春水》中一同体味爱的哲学，每一句小诗都散发着母爱的光辉和至高无上。文中写道：“母亲呵！/敞开你的忧愁，/容我沉酣在你的怀里，/只有你是我灵魂的安顿。”冰心奶奶的诗歌有巨大的感染力，让我明白了热爱生命、直爱自然，懂得感恩。遨游在经典的海洋里，把生命燃烧，用心灵感悟，体味人生。

毛泽东毕生博览群书，青年时代就已经熟读《史记》《汉书》等经典作品，并且不断温习；就算是到了晚年，对他热爱的经典史书也是反复阅读，并有在读过书的封面画上一个圈作记号的习惯。在他读过的许多书籍中，均留下读过两遍、三遍的记号。面对经典，我们要向毛主席学习。

经典，好似生命遨游的动力和翅膀，用生命去阅读，以心灵去感受，去体味人生。一部经典作品，看的不仅仅是文字上的内容，还需领悟作者写作时的心情、整本书的结构、表达的思想、运用的写作手法及写作背景等。鲁迅读书重在钻研，华罗庚阅读重在思考，苏东坡阅读重在理解……每个人的阅读方式五花八门，但无一例外都是在以生命阅读经典，都是从经典中汲取知识。经典，并不是一张张无声息的纸，而是一颗颗疯狂跳跃的心。就这样，经典蕴含的哲思、睿智，不断地锻造着我幼稚的思想，让我茁壮成长。

打开一本经典，跨越时间与空间，倾听远方传来的点点流水声，遥望飞流的瀑布。在万里无云的日子里，煮一杯清茗，读一本经典，细细品味着，思绪飞扬着。

与经典同行，我开始思索生命的意义、人生的价值、精神的永恒！每一次思索都坚定着我的信念，每一次思索都坚韧着我的心灵。

与经典同行，让我明白它的纯洁与厚重不会随着时间而远逝，它永远是滋润人类灵魂不竭的源泉。

与经典同行，我将更加坚强、勇敢、机智、成熟……

经典，永垂不朽的著作。

人生，生生不息的延续。

携经典出发，品味人生，感受当下。

行如微尘，大爱无疆

我们生活在浩翰宇宙中，这里有满天飘浮的星光和细小的尘埃。我们是比尘埃还要渺小的存在。因为渺小，你会掉进无底深渊，你也会被绝望拉进黑洞。但你应始终保持着源自心底的善良，在黑暗中散发光芒。

“风送花香红满地，雨滋春树碧连天。”是的，世界很美。不仅是因为有春的烟波画船，夏的朝云暮雨，秋的绚烂云霞，冬的冰肌玉骨，更是因为有善良的陪伴。

善良，不是拥有闭月羞花的容颜，不是拥有不可胜计的财富，更不是拥有至高无上的权力。真正的善良，是黑暗中的如豆星光，是干涸枯遇时的点滴甘露，是迷茫时的一句点化，是失败时的一把搀扶。它无须雕红刻翠，更不用粉黛装饰，它来自人们的内心深处，是最原始、最质朴的情感。

善良，是人生的地基，是与人交流的通行证，它无声无形，但能使失聪的人“听到”，能使失明的人“看到”。拥有善良的人，才会去感激、去回报，才会有先天下之忧而忧的豪情，才会有一蓑烟雨任平生的淡然，才会有滴水之恩涌泉相报的感恩。

失去善良的人就如同掉进深渊，行如走肉，变得麻木不仁；失去善良的世界将会战火纷飞，没有和平。当人们活在水深火热中，人便无善无情，只顾自扫门前雪，不管他人瓦上霜。人们眼中没有了希望，取而代之的是冷漠，这冷酷无情的世界化作无数利剑刺向人们的胸膛。现如今，万幢高楼拔地而起，冰冷的钢筋水泥分割了土地，也疏离了人与人的联系，人们在社会上不断接受磨炼，增长能力的同时，也磨掉了善良，人们的目光不再温柔，而是充满利益与欲望。

善良不需要太多的诠释，你种一棵树，树还你一片绿荫；你种一簇花，花还你一片芬芳。善良不是刻意做给别人看的事，它是一件愉快且自然而然的事。我们选择做善良的人，不是为了回报，而是因为它是对的。人们说越善良就会被坏人伤得越深，这不是善良错了，而是坏人错了，因为善良是种美好品德而且永远都有人想拥有。

仰不愧于天，俯不愧于地，便是人生在世最大的福分。我们虽然形如微尘，但善良使大爱无疆。

愿你快乐无须假装，愿你此生赤诚善良。

早安,明天

伴着夜色起床,天刚蒙蒙亮,那一抹还未褪去的月光,随我前行。

——马欣彤

早上推门出行时,不妨先驻足停留片刻,闭上双眼,感受清晨的微风和晨曦的光。然后对新的一天说:早安。

也许你的2018年是枯燥的,乏味的,昏暗的,苦恼的,有些事情会令你失望,会充满负能量。但是,那一切都是昨天的事情,今天是全新的一天,也是全新的开始。

我们不知从何时开始踏上了人生的列车,孑然一身,开始了这次长途旅行,如果垂头丧气,怎能欣赏沿途的风景?这一路的风景在变化,或许我们也在改变,曾经的一切不过是人生的过客,而自己才是主角。

欢笑也好,泪水也罢,只要拼过闯过,不管结果如何,这一路的经历才是最美的,至少我们无悔。脸上在欢笑,心里却在下雨,或许到了这种时候才会明白坚强的含义。这一路到底有多艰辛,或许只有自己清楚,但是当艰辛过后,你会发现,前方的花或许会开得更漂亮。青春不正是这样吗?有时为了梦想拼得头破血流,却又傻笑着说"我不痛"。我们正是这样一群追寻梦想的"疯子",为了我们的梦想,再苦再累又何妨。至少我们可以对着天空呐喊:"我拼过,我闯过。"

回首看看过去的自己,或许会有些稚气,或许会有些渺小,又或许年少轻狂,又或许踌躇不前。但是,那都是过去的自己,今天站在这里的,是新的自己。过去跨过的坎坷是为了让今天站在这里的自己挺起胸膛,然后从容地对这个世界说一句:早安,2019。

张开双眼,面对这个世界,此刻的自己是那么地洒脱。向着前方奔跑,迈开自信的步伐,忘记一切悲伤,迎着希望,向前跑,向着如琉璃般闪耀着光彩的人生努力奔跑!你会发现,这个世界是如此耀眼,如此夺目,如此美好。

以朝阳为伴,以晨曦为友,如果今天的第一缕阳光是世界的礼物,那么就让我们以微笑和自信,作为回礼,对这个世界,也对今年这个全新的自己说一句:早安,2019,我来了。

奋斗永远在路上

《恶之花》中有一句话:不要把一个阶段幻想得很好,而又去幻想等待后的结果。幻想固然是很美的,但缺少奋斗铠甲庇护的它,只是一个虚幻的泡影。所以,人绝不能躺在幻梦中空想,而需要努力地去做,去不懈奋斗!

奋斗是什么?奋斗是石头下的种子破土而出的声音,奋斗是风雪中的寒梅傲然挺立的姿态,奋斗是逆风前行的大雁奋力的执着……奋斗有希望之美,奋斗给予人力量。有梦想,有机会,有奋斗,一切美好的东西都能够创造出来。

人生最大的失败不是跌倒,而是从来不敢向前奔跑。你要么出局,过苟且的一生;你要么出众,活出耀眼的自己。青春是一张白纸,等待你去描绘,任你勾勒,任你着色,唯有经历奋斗,人生才能绽放炫目的光彩。

习近平总书记说过:“实现中华民族伟大复兴的中国梦,广大青年生逢其时,也重任在肩。”新时代,给了青年人更多新平台、新机会,也对青年人也提出了新要求和新担当。不惧艰难,不畏风霜,扎根人民,奉献国家,青年的奋斗更显分量。青年一代只要有坚定的理想信念,把自己的理想同祖国的前途、把自己的人生同民族的命运紧密联系在一起,扎根人民,奉献国家,才能把握好人生的“方向盘”,在逐梦的路途上脚踏实地、行稳致远。

我们只需记住,每个人都是宇宙中独一无二的,我们不管面对谁,都无须妄自菲薄,我们要做的,就是活出属于自己的精彩,奋斗出属于自己的一片天地。

也许我们此刻还没有成功,甚至离目标还很远,但请不要灰心,人生本就没有一蹴而就的成功。不经历风雨,怎么见彩虹?

“黑夜给了我黑色的眼睛,我却用它寻找光明。”别再徘徊,也别再停留。请拿出“直挂云帆济沧海”的勇气,勇敢应对各种挑战。

登高望远天地阔,纵横捭阖自从容。放下浮躁,放下懒惰,放下三分钟热度,放空禁不住诱惑的大脑,放开容易被外物吸引的眼睛,闭紧什么都想聊两句的八卦嘴巴,静下心来好好做该做的事!记住一句话:越努力,越幸运。

不管一路上多么坎坷和不安,那份坚持一直在;不管一路上是坦途还是荆棘,那份努力一直在。任风云变幻,笑脸相待,让未来更清楚地到来。将来的你,定会感谢现在奋斗的自己;将来的你,定会对现在的自己刮目相看;将来的你,定会以现在的自己为荣!

逐梦青春

把每一次失败都当作是一次对自己的历练，相信总有一天在跌倒后会收获一抹阳光。它终将穿过冬天的云与月，透射我们的心扉，熨干曾经泪湿的衣裳，驱逐曾经的灰暗与阴霾。那一刻，所有坚持都是值得的。

自己喜欢的事无论如何都要坚持到底，到最后才会对得起自己的付出。如果自己最终失败，那我们也不会后悔。也许在别人看来你的努力就是白费力气，你的执着总被别人误解，甚至在别人看来你就像一个傻瓜。但没关系，你是属于自己的，只要你认为自己是对的，方向是对的，不被理解又何妨。

青春是一场冒险，不到最后一秒，你永远不会知道自己会成长为何般模样，正所谓“不疯魔不成活”，遇见一群怎样有意思的人，是否会成为想象中的自己。不念过去，不畏将来，不屈服命运的安排，做生活的强者，全力以赴，奋不顾身，趁现在还年轻，趁还扛得住所有伤，去爱去疯去闯，别等老了后悔莫及。

愿我们都吃得了苦，放得下怨，有一颗宽容之心；受得住委屈，顶得住磨难，在艰难险阻面前一笑而过，背着行囊继续赶路。

因为拥有青春，我怀着自信，勇于追求自己的梦想，让青春飞扬，让自己充满活力；让青春飞扬，让生活富有激情；让青春飞扬，让生命染上色彩。

青春本就是一场兵荒马乱的浩劫，这场浩劫只能自己度过。没有硝烟弥漫，没有流离失所，可本应天真烂漫的年纪却被彷徨、孤独、失望一层一层围困，这是对我们的考验。面对一个个人生的十字路口，那种不知所措的感觉使人抓狂。然而狭路相逢却总是勇者胜，往往优秀的人注定都有不怕输的勇气。

因为勇敢且不问归路，玄奘万里跋涉、克服艰难险阻，终在历经九九八十一难后取得真经，为佛教的传播和人类的进步做出了巨大的贡献；因为勇敢且不问归路，霍金在病魔的无情摧残下重拾信心，排除万难，战胜挫折并醉心于研究，成为一代佳话。

扔掉那些所谓“不可能”的借口，去坚持一个“没问题”的理由！因为在青春路上我们都是个“盲人”，明明摔得鼻青脸肿却还要笑着告诉自己还有明天。

向上吧少年！

自律是最好的修行

你是否想过，人的一生最重要的是什么？闭上眼睛，用心冥想，你是否能让自己满意呢？

自律，这也许是人生中最重要的修行吧。

古人云："君子责己，小人责人。"从古至今都把能否严于律己当作衡量一个人道德修养的标准。因此，我们无论何时何地都应做到自律。

要想做到自律，首先要理解监督和自律的关系。监督意指被动地接受来自外界施加于自身的规则和看管。而自律则是主观的，能动的适应。它们均能达到约束行为的目的，自然都是必要的。但相较之下，自律显得更为重要和积极。就作用而言，监督也是为了使人们更好地自律。

但是自律，谈何容易。问问自己的心，自己真的做到自律了吗？这真的是理想中的自己吗？

首先，要从自身严格要求。不能正其身，如正人何？我们身处的这个世界，远比看上去复杂，有无数的新奇和诱惑。来自网络的纷繁复杂，来自现实五花八门的骗人把戏，也许我们很难应对。如何正确地对待这些关系到我们的一生。所以，自律非常的重要。

其次，要经常自省、自察、自我批评和自我约束。就像德国哲学家海涅说的那样，反省是一面镜子，它能够将我们的错误清清楚楚地照出来，使我们有机会改正。一个人的愚笨不在于他的无知，而在于他不知自己的无知。一个学会审视自己的人才有可能认清自己，摆正自己的位置，才能有自知之明。我们要时时刻刻提醒自己，什么可为，什么不可为，什么坚决不为。我们要问自己，你在做什么，你该做什么，对你最重要的是什么？我们所做的一切的前提是没有妨碍到别人，而不是只为了自身。

最后，不怕丑，不怕痛，不护短，有过必改，有错必究。一个高尚的人，也不免会犯错误，而勇于改正会让他更加高尚。斯威夫特说，公开认过有益于灵魂。是的，一个人不羞于承认自己犯了过错，说明他更加豁达。中国自古就有谚语："闻过则喜，知过不讳，改过不惮"。勇于认错不仅是自律的态度，更是做人的气度！

作为学生，我们更应该学会自律，学会做更好的自己。只有自律，我们才可以自尊自爱；只有自律，我们才可以自省自知；只有自律，我们才可以自立自强！

欢聚一堂，共度新春

春节到了，忙碌的你，无论身在何地，是和亲人在一起，还是在为了生活奔波，此刻，都请你坐下来，倾听这一篇悦听，来感受春节的美好。

爆竹声中一岁除，春风送暖入屠苏。

千门万户曈曈日，总把新桃换旧符。

春节是中国人共同的节日，无论身处何地，想必此时脑海里第一个浮现出来的字眼就是“回家”。

新的一年就这样在鞭炮和歌舞声中到来了，你是否正和家人欢聚一堂围在桌前等待着第一锅热气腾腾的饺子呢？

在一百个中国人的心中，饺子有一百种不同的味道，虽然是不同的味道，但这些味道有一个共同的名字——家的味道。这种味道，也是陪伴了中国人从小到大的味道。

回想起这一年的生活，纵然有再多的心酸和汗水，只要回到家中，喝上一碗热气腾腾的饺子汤，一切烦恼便会烟消云散，一种幸福感便会油然而生，那是一种猝不及防的幸福。这种幸福叫“过年”。

看着窗外皑皑的白雪映着月光，坐在炉火旁听着薪火在炉子里燃烧的噼啪声，那思念着的人啊，是否也是这样，望着天边的烟花冥想。

小的时候，每每到了新年，孩子们便会穿上新衣，拿着大人给的红包，坐在热炕头哼着童谣。男孩子们帮着父亲收拾年货，女孩子们便围在母亲身边，学着她包饺子的模样。

长大了，每每到了新年，站在车站前，看着一张回家的车票傻笑。想着远在家乡的亲人，是否还在等待与自己一起吃年夜饭。

听啊，午夜的钟声敲响了，这一刻是否还有人在为了生活而忙碌？是否还有人在万里外的他乡四处流浪？他们在何处，吃饺子了吗，想家了吗？

纵然地点不同，责任不同，吃的饺子不同，思念的人不同，我们依旧在同一片天空下，欣赏着同一片月光，过着同样的节日，它的名字叫“春节”。

春节到了，该回家了。让我们沉浸在这欢声笑语中，迎接新的一年，新的开始。

梦·青春·未来

青春无悔,与梦想一起奋斗,朝着自己想要的未来尽自己最大的努力,用尽全部的力气,只为取得最大的成功。成功路上,无人知晓未来。因为,努力才是成功最重要的因素。

梦想是什么?梦想会让你觉得坚持就是幸福,纵然有汗水和泪水,但是无悔,因梦而绽放的笑容最美。梦想是一种想自由翱翔在天上的壮志,是一览众山小的豪情。

青春是什么?青春是少年意气风发的奔跑,是豆蔻年华无忧无虑的笑容,是学生在学习中点燃的那烛灯火,是不怕困难只会奋力向前的脚步,是画笔染上色彩书写出的人生最华丽的篇章。

未来是什么?未来是美好的、灿烂的阳光,是恐怖的、可怕的荆棘,是美丽的、有趣的岁月;是遥远的、漫长的、不可限量的前途,是无法预料的、拥有着无限空间的梦幻,是漂浮的、灿烂的、不知归属何地的蒲公英。

我们与青春共同行走在属于自己的道路上,怀揣着青春独有的梦想,在人生的旅途中走过春夏秋冬,走过岁月轮回。我们在一路繁花的时光中慢慢成长,一路欢笑,走向我们所怀有梦想的未来。我们在青春的道路上心怀梦想,踌躇满志。我们怀着激荡的豪情生活在青春的季节中。

我们在寻找青春,寻找梦想,只为找到属于自己的那一片蓝天,在崭新的时代下腾飞,用心去聆听岁月的话语,用心去坚持自己所坚定的信念,用心施展才华,营造活泼的氛围,高唱属于青春的赞歌。在青春中一起茁壮成长,一起追逐梦想,一起奔向未来。

梦想是红色的火焰,燃烧着我们炙热的欲望;梦想是蓝色的海洋,让人们在辽阔的海洋中想象深远;梦想是绿色的翠竹,让绚丽的人生显得更加生机勃勃。

青春是一颗饱含着无限可能性的种子,青春代表着明天,也代表着希望,更代表着未来。青春需要拥有梦想,更要在梦想中勇敢奋斗。我们要学会在青春中不断成长。青春是一种充满活力,不愿平庸,敢于探索的状态。因为,在这种状态下,未来充满着无限的可能和希望。

梦想需要满足两个特征:目标与动力。缺少其中任何一项,也不会被称作梦想。人生可以没有远大的梦想,但是不能没有追求,没有向往。

趁着现在我们还没长大,趁着梦想之花还没有盛放,要学会用自己的肩膀支撑正在努力的自己,要用有力的臂膀拥抱青春,托举属于自己的独特的未来。

其实,只要青春无悔,不忘初心,自己努力过就好。

逐梦路上青春相伴

长大了以后，你才会知道，在蓦然回首的刹那，没有怨恨的青春才会了无遗憾，如山峰上那轮静静的满月。

——席慕蓉 《无怨的青春》

青春是岁月凝成的琥珀，珍贵且来之不易。当处在这样奢侈的年华时，却觉得历尽几万年也熬不过去。

青春亦是一首跌宕起伏的嘹歌，旋律明快，精彩绝伦，往往唱到尾声时才能品出歌曲的韵味，虽然只有一次但每个音符都会被深深铭记。

郭敬明说过，青春是一道明媚的忧伤，也许在这样的花季我们更应憧憬美好的未来，但不可否认的是，无论是谁心里都有道划痕。

想起毛泽东的诗句："恰同学少年，风华正茂，书生意气，挥斥方遒"。年少的岁月就是无所畏惧的时期，豆蔻年华里就应肆无忌惮，少年意气风发，驰骋万里。志向在成长的道路中就应被认真地对待。

青春就应几近固执地、心无旁骛地为了理想而奋斗，为了追求而坚持，为了保持真实的姿态而畅快淋漓地表达出自己的情感，把所有的苦恼，所有的愤懑倾泻在学习里。

青春的炊烟已经袅袅飘散，而生命的灶台却依旧温热炙人。青春是生命里最值得铭记、情感最深的烙印，是用每一个欢笑，每一滴眼泪凝成的钻石。那些对于理想执着追求的坚毅，那些青春里为了一件小事全力以赴的纯真，都是我们成长的足迹。

青春就是这样，有和太阳肩并肩的豪情，有改变世界的壮志。

我的舞台在我心里，此刻，我就是我的主角，我正站在舞台中央。

写给三年后的自己

那如琉璃般璀璨绚烂的人生,你,是否触及到了。

梦想有时望尘莫及,有时却又触手可及,你现在是否体会到了梦想实现的快乐?或者你还停留在原地只能默默叹息,无论结果如何,但我觉得,至少你是无悔的。

回首自己走过的路,坎坷不平,在这布满荆棘的征途上,我总是迷茫地走着,走着,不知道自己在哪里,也不知道自己要前往何处。三年后的你已经大学毕业了吧,是否明确了自己的目标,有没有为了工作而努力奔波。大学毕业的你已经正式踏入了社会,有没有找到一份属于自己的、满意又合适的工作呢。三年后的自己,对自己现在的生活满意吗。

三年后大学毕业,面临着和大家离别,你是否会想起三年前的你初次步入大学校门的场景。那时候,周围的一切对于你来说都是陌生又新奇的。当时的你刚开始还不习惯大学的生活,全日制的生活让你无所适从,你努力适应这个学校的生活,三年后的你是否会感谢自己选择的这个学校让你养成了许多好习惯,学会了一些即使踏入了社会也不会学到的知识。刚开始步入校园或许会有一些陌生,快毕业的你是不是会有不舍,三年后的你会不会成熟了、懂事了很多。

成功往往伴随着磨难和艰辛,正如只有踏过泥泞的道路才会留下脚印,生命永远需要可以攀爬的山峰,爬得越高,看得越多,也看得越远。

现在的你走进新的校园,踏上新的起点,所有的一切都将从头开始,未来的岁月必定将经历艰辛,也会走的磕磕绊绊。但我相信只要不失去自信与乐观,生活永远都是充满激情,阳光灿烂。因为生活就是这样一种艰难的尝试,是一场日益更新的战争,面对未知的将来,我们应该挺直脊梁,挺起胸膛,坚强而勇敢地挑战一切阻碍,挑战未知的人生。不期待三年后的你有多大的成就,只希望你回想起三年来自己的所作所为不后悔。

也许生活的重压会让你喘不过气,但是请不要放弃,前进的路上,你我同行,愿三年后的那个你能对今天的自己说一句:我无悔,谢谢。

意志的力量，是决定成败的力量

意志的力量，是决定成败的力量。

——题记

泰戈尔说过：只有流过血的手指，才能弹奏出最美的乐章。只有经历过地狱之苦的人，才会有创造天堂的力量。意志的力量是决定成败的关键。

回望历史的长河，这样的例子不胜枚举。曹操，治世之能臣，乱世之英雄。曾经败宛城失将丧子，他没有灰心丧志，而是选择招兵买马，以致拥百万之众，挟天子以令诸侯，从弱者变为强者。苏武，十九载的岁月，他在北海放牧，从黑发熬成了白发，他诠释了“富贵不能淫，贫贱不能移，威武不能屈”的真正含义。

古有曹操、苏武等英雄人物，今日更是有众多仁人志士用自身行动诠释意志的力量。感动中国人物之一于敏，在氢弹的理论探索中，依靠自己的勤奋，举一反三，克服重重困难，通过自主研发，解决了氢弹研制中的一系列基础问题，使得中国完成了氢弹核爆实验。是坚韧的品质赐予他无穷的勇气。美国著名作家海伦·凯勒是一名残疾人，终生无法看见阳光，可她凭借惊人的毅力，写成《假如给我三天光明》这本优秀著作。所以，人只有坚韧不拔，才不会丧失勇气。人生道路上总不会是一帆风顺的，难免磕磕绊绊。但只要我们充满信心，不懈追求，总有一天你会到达成功的彼岸。

真正意志坚韧的人是含着泪水奔跑的人；是把那些难过的事情笑着说出来的人；是那些即使身陷绝望却依然满怀希望的人。恰如那些在风雨中摇曳生姿的鲜花，相较于另一些躲在绿叶下的花朵，风雨之后，前者定会更娇艳。

既然选择远方，便只顾风雨兼程。既然选择了山巅，就意味着艰苦跋涉。正所谓：“天将降大任于斯人也，必先苦其心志，劳其筋骨，饿其体肤，空乏其身，行拂乱其所为”，我相信，只要我们不失勇气，不失信心，不懈努力，就不会有跨不过的坎。总有一天，我们会到达人生的巅峰。

奋斗的青春才无悔

青春是什么?有人说青春是一本书,记录了曾经酸甜苦辣的点滴往事;有人说青春是一首诗,谱写了曾经飞扬的日子。对于青春,“一千个读者,就有一千个哈姆雷特”,而梦想与奋斗无疑是青春的最美诠释。

我们作为新时代的青年,生活中充满了各种各样的诱惑,一不小心便会误入歧途或自我放弃。但时代召唤人才,伟大的时代更需要挥洒青春和奋斗。在大学中的我们,只需好好学习,积极生活,放下手机,大胆地锻炼自己,尽心尽力做好本职工作。将这样的青春奋进升华为民族复兴、国家富强的家国情怀,何尝不是绽放青春的梦想之花。

习近平总书记曾告诫广大青年,“青年时代,选择吃苦也就选择了收获,选择奉献也就选择了高尚”。我们要顺应号召,充分利用自己的青年时代,将自己的价值发挥到极致。新时代充满着机遇,但机会总是留给有准备的人,我们为何不扎实基础,好好准备,完美抓住每一次的机遇?

同时,我们也深知,青春路上并不是一帆风顺的,不经历风雨怎能见彩虹?我们不能因现实复杂而放弃梦想,不能因梦想遥远而放弃追逐。我们应该迎难而上,以求离成功更进一步。我们需要“把艰苦环境作为磨炼自己的机遇”,敢于吃苦,乐于吃苦,把吃苦当成青春“必修课”,通过吃苦让自己“强筋壮骨”。

平凡铸就伟大

伟大来自平凡,平凡成就伟大。世间有两种人,一种是平凡的人,一种是伟大的人,很多人认为只有伟大的人才能做伟大的事,可我并不这么认为,因为平凡的人也能造就伟大。

平凡的脚步也可以走完伟大的行程,一滴滴水能汇成辽阔的海洋,一件件平凡的事也能组成伟大的人生。雷锋是一名出生于贫苦农民家庭,乐于助人,好学上进,勤俭节约的普通战士。雷锋在自己的行为、道德上,坚持无私奉献的利他主义。《雷锋全集》收录的一篇手稿中提到了他捐款一事,雷锋写道:“接到河南省一个民办小学的来信,他们说,因今年遭受自然灾害,造成了一些暂时的困难,要给予他们以经济帮助。”雷锋拿出自己在部队用一年零九个月积攒的全部津贴费(一百元),支援了干沟民办小学。雷锋生活非常节俭,但对有困难的同志、战友却是慷慨无私。雷锋离开我们已经半个多世纪,但是,现在我们提起雷锋来,他那博大的爱、崇高的道德、宽广的胸怀、高尚的行为准则、投入到社会主义事业和更广阔的生活里的热情和精神,公而忘我、牺牲自己的集体意识,却仍然触动着我们的心灵,提高我们的精神境界。平凡铸就伟大,一颗小小的“螺丝钉”铸就激励世人的雷锋精神。

伟大的灵魂,常寓于平凡的躯体。有一位老者,他一身布衣,一头短发,皮肤黝黑,还经常把袖口和裤腿挽得高高的,除了上课、看书以外,长年四季曝晒在烈日下、浸泡在泥水里,废寝忘食、夜以继日地潜心于他的农作物栽培和杂交水稻研究。他就是“杂交水稻之父”袁隆平。他曾说过:“我不在家就在试验田,既不在家又不在试验田,那我一定是在去试验田的路上。”如今他本该安享天伦,却依然奔走在田野中,做着自己的“禾下乘凉梦”。经过袁隆平及其团队的努力,中国水稻产量不断迈上新台阶,不仅解决了中国粮食自给难题,也为世界粮食安全做出卓越贡献。平凡铸就伟大,一颗种子解决了亿万民众的温饱。

斯大林曾说过:“为科学和技术开辟新道路的,有时并非科学界的著名人物,而是科学界绝不着名的人物,平凡的人物,实践家,工作革新者。”这世界平凡之人有许多,但不甘于平凡的人也很多,他们辛勤劳作,无怨无悔,绽放自己的光芒,照亮他人,用有限的生命实现无限的价值! 20 世纪 60 年代,在“黑云压城城欲摧”的国际形势下,毛主席一声号令:好人好马上三线。一大批充满斗志和激情的年轻人,来到了大西南的崇山峻岭,用生命和青春实践自己的理想。平凡铸就伟大,他们用平凡的个体铸就了祖国国防事业的美好明天。

鲁迅曾说:“能做事的做事,能发声的发声,有一分热,发一分光。”德兰修女曾说过:“我们都不是伟大的人,但我们可以用伟大的爱去做每一件平凡的小事。”

相信我们在学校努力学习,在工作上坚守岗位,便可以用伟大的爱灌注每一件平凡的事,用平凡的事造就伟大的人生。

永远不要说放弃

希望源于失望,奋起源于忧患。正如一位诗人所说:有饥饿感的人一定食欲好,有紧迫感的人一定效率高,有危机感的人一定进步快。

我们也知道,努力了并不见得能立即成功,但是如果放弃努力,坐以待毙,就必败无疑。坚持就是胜利,在最后的时刻来临之前,结果还远远是个未知数。

生活中,人们可能都无法回避挫折。面对挫折与失败,不同的人会有不同的态度。一些人遇到失败,马上就一蹶不振,甚至自暴自弃,自甘沉沦;而另一些人则不同,面对失败与挫折,总是重新崛起,从头再来。

失败是人生路上的十字路口,一边通向光明,另一边却通向无尽的黑暗。如果沉浸在失败的痛苦中,淹没于挫折的灰暗中,不思进取,不重新奋斗,那么其人生必然一片黑暗。

如能从失败的泥沼中爬起来,用双手掐住大地的脉搏,支撑自己站起来,重新走向奋斗的征程,就会不断前行,直至到达光明的未来。

假如生活折断了希望的风帆,请不要绝望,彼岸还在;假如人生凋零了美丽的花瓣,请不要沉沦,绿叶还在;假如梦想止住了前行的车轮,请不要绝望,车辆还在。

在前进的道路上,我们既然选择了远方,便只顾风雨兼程,永不言弃!

生来不平凡

我和我为之奋斗的一切

如果你想得到从未拥有过的东西，那么你必须去做从未做过的事情。

你好！光阴还和以前一样，迈着他的月阴日晴；当年龄成为时间流逝的证据；当再一次迎来春华和秋实时，我希望能和2018年的你说几句话。

我想和你谈谈，关于理想，关于家人，关于未来。

关于理想，曾经的你对他有着热情，你为他付出了不知多少汗水，高考的失败让现在的你疲惫。那份青春年少的激情减退了；那份“初生牛犊不怕虎”的精神萎靡了；那种用于开拓创意的思维僵化了。今天是2018年05月06日，还有一天你就十九周岁了。十九岁，你还年轻，我也知道你不甘心放弃。如果还有梦，就去追。

希望2018年的你，还能执着于追求，就算没有坚硬的翅膀，就算没有人为你鼓掌，仍然要为了目标不懈努力。希望你能拥有沉稳豁达的思想；希望你能拥有成熟稳重的气质；希望你能拥有更多的能力去爱身边各种各样的人。

关于家人，离家上学的这几年里，我发现他们老了，就像是突然发生的事，这让我变得害怕。因为他们为我付出了那么多，我现在还没有本事，我还没好好让他们享福。然而人生中充满许多离别，每次离别都伴随着一种阵痛。

我相信，这种阵痛会珍藏在你心里最软弱的角落，流淌在你的血液里和珍藏在你美好的回忆中，永远无法分割开来，直至到你长大。我想对你说，趁亲人未老，趁青春尚在，去做些有意义的事情吧。

关于未来，我希望你能学会每天微笑，不要故作坚强。不管生活经历怎样的沧海桑田，要学会用微笑的力量去化解一切爱恨纠葛，纵使生活中有些不尽人意，都不要去抱怨。因为这一路走来，横冲直撞、遍体鳞伤的遭遇会变成你走向幸福的力量。

未来的你，还应怀着感恩之心，行走在人生的旅途中。感恩家人，给了你奋进的动力；感恩对手，使你变得更加强大；感恩磨难，教会了你坚强；感恩朋友，给了你许多无法衡量的感动。

虽然现在的你也许一事无成，但你要对未来有信心。我相信，那颗满载梦想的心会有释放的一天，不要让它在负重之下萎缩，也不要因此有太多压力，在通往成功的道路上，我会更努力，更快乐地微笑着去和未来的你相逢。

我们都在马不停蹄地向前

我曾一度以为时间会停歇,脚步会忘记方向,却在每一次回眸时惊叹:彼时的情景早已灯光暗淡、谢幕退场。我不禁黯然神伤,于是便又催促自己的双脚,快马加鞭地向前,一路上大步流星、跌跌撞撞,却总不知道在追逐着什么。

1

你必然有这样的经历:把自己的生活安排得像把杂物塞进远行的行李箱般密不透风。学习、工作、朋友欢聚,像在赶场一般紧密衔接。你的周围从不乏热闹,你总能找到人打发无聊时光。

长此以往,目光便会四散无焦点,一时关注自己的琐事、一时又关注周围人的喜悲,你身上的负重太多太久,如同满载沙袋的热气球一般。如果想飞翔在高空,只有把一个个沙袋抛下。若想淡然自若地面对人生,内心的负重也不能太多,满心累赘与担忧势必会影响到你从容理智地面对生活……

2

阔步向前,目光不能失去了焦点;昂首行进,内心不能疑虑过多。在这样闪烁着缤纷霓虹的城市里,你我都少了几分笃定与认真。犹记得初入大学的我,茫然地参加了许多活动,校内校外到处转,急迫地想提升自己的各项能力,浮躁伴随着怀疑便使内心总处于一种惶惶不安的状态,试问那时的自己收获了什么?回首才发现:涉猎过多终究会浅尝辄止,坚持并执着于一件事哪怕再小也会有成就感。

年年岁岁,谁都没有停止自己成长的步伐,即使受伤后相信你也会养好伤口继续前行,但沿途的风景太醉人、一路上遇见的朋友太新鲜,你变得无所适从、人云亦云,内心被灌输了太多杂质、脚步也早已忘记原本的方向。因此你在抱怨任务繁多、杂事缠身、身心俱疲,内心如同满载沙袋的热气球一般繁重不堪,背负了太多力所能及之外的负担!还记得小时候那个沉醉在花丛中细致观察小昆虫的自己吗?还记得中学时候那个痴心于钻研解开某道难题的自己吗?还记得某些时候那个沉溺于为自己爱的人不惧一切的自己吗?原来,内心的那份笃定与认真,早已成为可以随时挂在唇齿间却从心中轻轻掠过的一缕烟,如同忽略身边的小确幸一样转眼即逝。

3

黑夜的海洋中,船舶执着于灯塔的亮光行进;浮躁年华中,内心却难以虔诚且认真。马不停蹄地向前而又碌碌无为，争分夺秒地前进而又盲目。你永远无法估量内心笃定的力量是有多么强大，像无尽海岸线上展开雪白双翼从你头顶略过径直飞向大海的海鸥；深夜里唯独亮起的昏黄色灯光将伏案而坐的身影投射在窗口，那股内心所迸发出的力量是多么巨大无比。

4

在这个物欲横流的繁华年代，我们快马扬鞭地捕捉着新鲜气息，千头万绪毫无眉目，却忘记了小时候那内心笃定、认真地执着于一件小事的自己，那小小的身影散发着魅力，多么难能可贵。即使你马不停蹄地向前，也要适当地歇歇脚，把自己的内心虔诚而又执着地放在珍贵的人、重要的事上。别忘记，那认真的身影不仅光彩夺目，更令人欢欣鼓舞！

5

我们都是这个浩瀚宇宙中的渺小星辰，认真、努力、执着地闪烁着光芒，哪怕事与愿违，也会笑着对自己说：岁月无悔！

不忘初心，方得始终

2017年10月18日，中国共产党第十九次全国代表大会在北京人民大会堂隆重开幕。习近平总书记代表第十八届中央委员会向大会作出了长达三万两千多字的报告。报告的开篇是这样写的："不忘初心，方得始终。中国共产党人的初心和使命，就是为中国人民谋幸福，为中华民族谋复兴。"

大到一个国家，小到我们每一个人。只有做到不忘初心，才能得到最初想要的。

1

每个人生的开始，都不缺乏各种各样的初心，只是随着时间的推移，生活的磨砺，让我们越来越执着于眼前，淡忘了曾经的愿望。2014年6月底我经历了人生中的第一次低谷—高考落榜，当我看到自己的成绩单，心中想得最多的就是高中的梦想破灭了，还记得入校的时候励志考上211、985大学，"三模"过后还给自己说能上本科，但结果却让所有关心我的人大跌眼镜。

现实一步一步地让我看清眼前的路，我放弃复读，选择踏上军旅这条路，去尝试不一样的人生。我没有定下什么过高的目标，我只是想脚踏实地地走完这段旅程。新兵连的三个月，让我彻彻底底体验到了真实的部队生活，没有那么多光鲜亮丽，也没有那么多欢声笑语，有的只是服从命令听指挥，只是坚持坚持再坚持。这时我的初心是加强锻炼，练就过硬的本领，别人休息，我就自己加练，也许只有不断地去劳累身体才会忘却高考的暴风雨，终于我尝到了努力后不一样的滋味。新兵连考核，我得了五公里武装越野第三名，射击成绩第二，也许这样就是对初心最好的诠释吧。虽然它并不是一个确定的目标，但我从没有忘记。

2

既然选择了远方，便只顾风雨兼程。部队的生活转眼间就过去了，还记得当初的一腔热血与那面迎风飘扬的五星红旗，还记得每天听着头顶上飞机飞过时发动机声音，还记得那些一起风雨同舟的兄弟们。2016年9月我同样满怀激情来到了山职，这个带给我别样青春的地方，至今我还一直在说："来这里我一辈子也不后悔！"在这里我得到了更加广阔的发展空间，也让我知道了这里所有同学的起点都是一样的，在这里你所有的收获都取决于你付出的努力，在这里我找到了新的初心继续前进，不浪费青春年华。这并不算远大的理想，也许是在部队时学会的，要脚踏实地，别好高骛远。

现在的我是一名学生干部，一年多来我始终秉承着踏实肯干的工作作风，严格按照上级的要求指示。我给自己写了这样一段话:“不忘初心,方得始终。学生干部的初心和使命就是为老师、同学服务,就是为我们的管理系争荣誉。”也许这并不是豪言壮语,但却是激励我前进的动力,它也将少许励我的整个学生干部生涯,这条路上固然充满着荆棘,也会受到种种诱惑,想想我们以后的人生没准就是大学生活的加长版,你又有什么理由不努力呢?当我们站在人生的三岔路口时,可以暂停,但不可以放弃;可以休息,但不可以退缩;可以绕道而行,但不可以畏惧;可以流露羡慕的眼光,但不可以屈服权贵金钱势力。可以有暂时的迷茫,但一定要有正确的方向,并为之奋斗。一路向前,这就是我们的初心。

3

今天的我仍然记得自己当初入校的起点,每当我遇到困难与挫折,我就给自己鼓足从头开始的勇气,如今的我已经完全适应了学生干部工作,我也充分证明了自己的能力,在管理系学生干部的大环境中学会了八个字“实干、合作、平等、互助”。我想说,不管你身居何位,不管你有多强,请不要忘了你是如何开始的,因为它可以给你指引正确的方向并推动着你不断地前进。每当深夜闭眼回想自己的一天,我仿佛又找到了当初新兵连的那股冲劲,那就是不忘初心,练就过硬的本领,再交给自己一份完美的青春答卷。

不忘初心,方得始终。请不要忘了你最初的目标,请找准自己最想走的路和最想到达的远方,即使遇到挫折,遇到困难,甚至偏离目标太远永远也无法达到,也要坚持心中的梦想,因为上天不会辜负每一个坚持努力的人,只要你有初心、够努力,你想要的,岁月都会给你。

你所有失去的都会用另一种方式补偿你

刚接到老师的约稿时其实我是有些迷茫的,不知道该怎么总结这三年的大学生活。感觉经历了好多又恍惚觉得什么也没做。

有些经历大概只有自己能懂,那就作为过来人说一些我自己的收获吧。

1

永远不要怕犯错。我知道很多学生干部都担心做错事,但其实是不用怕的,有些时候做错事并不是一件坏事,或许会带给自己一些意外的惊喜。记得刚上大一时,我是第一个让导员批评的人,那时候真的感觉糟糕透了,瞬间就让我开始讨厌起了自己的大学生活,不过后来我发现因为这件事导员记住了我,并且在以后的生活学习中给了我很多的帮助,塞翁失马焉知非福。所以我希望还在为犯错而忐忑的你们,能够正视错误,宽心对待。

2

做自己力所能及的事,不擅长的事不要强揽。锻炼自己,增长本领是好的,可有些时候做自己不擅长的事情往往会让自己处于一种被动状态,很容易搞砸。学会适当拒绝不是坏事,反而会凸显你对自己有正确认识。小事情可以拿来磨炼自己,重大的事情还是需要先学习,等到所有问题、所有环节都清楚之后再尝试,厚积而薄发。可能一开始的你并不是一个"全能王",所以你完成不了所有的事情,也可能别人就是比你优秀,达到了你感觉自己难以企及的地步,但是通过一点点地积累学习,你会发现你已经一步步赶超别人,你已经一点点变得更优秀。泰戈尔说过:尽管走下去,不必逗留着,去采鲜花来保存,因为在这一路上,花自然会继续开放。

3

切忌"鼠目寸光",做事情要想得长远。交给你一件事,你不能只局限于一,而应该从一想到三。比如,安排你布置一下会议会场,那你不仅需要根据会议人数定会场、整理会场,更需要把各班座次安排好并提前通知各班负责人,要确认好有没有老师到场提前预留好座位等等。这样的你,即使到了工作岗位也不会手忙脚乱。将目光放长远一些,看得才会多一点,得到的才会更好。

亲爱的学弟学妹们,对于我来说属于我的山职的生活已经变成了回忆,但是对于你们来说，美好的时光正在肆无忌惮地拥抱着你们，请珍惜吧。对了，有几句祝福要送给你们，我希望你们能认识更多志同道合的朋友，更希望你们能认识一个可以一直陪在身边的朋友。人生中每个阶段遇到的每个人都有他们存在的意义，有的人教会你成长、有的人教会你温暖、有的人教会你识人、有的人教会你陪伴……

最后，我想说，当你因为学生干部的工作而失去玩耍放松的时间时，我希望你们不要抱怨，因为你所有失去的都会以另外一种方式补偿你。你的辛苦终将在未来回报你。

剑未佩妥,出门便已是江湖

你从来不觉得校园很美好,除非你已体验了生活。

1

即将毕业,这半年的实习对于我来说不仅仅是大学最后的一门功课,更是踏入社会前的一个体验。大学三年,可以说在校我是老师眼中的好学生,对待学生工作我是一名合格的学生干部,与同学相处我是一个活泼开朗的女孩。自信的我,将实习看成了一个小小的任务,不足畏惧。然而这种优越感,在我实习还不到一个月的时间里就被打破了。"你知不知道进站前要提前到岗""你又让我看见你玩手机,把手机给我""隐蔽处所的门你都锁了吗""你检门了吗""来,你给我背一下三懂三会"……这样的场景在炎热的八月每隔三天就会上演,一演就是三天,没错,我就是这里面的女主角。每次被车长逮住都免不了一番被迫的自我反省,我人生的第一份检讨书就这样贡献给了列车。随后,我还陆续"出版"了第二份、第三份……现在,即将结束学生生涯的我才明白了老师的苦口婆心,才明白学校为什么要对我们进行半军事化管理!为的不是一种宣传,搞得也不是一种形式,他们,图的只是希望我们的未来可以少一分挫折。

2

讲一件发生在我身上的事情,我照看的车厢没有乘务室,然而当班用的票本、安全链等东西按照规定还不能随身携带,我去临车放东西被安全科的领导发现,视为当班串岗处理,等着我和临车乘务员的是一顿劈头盖脸的批评、一封千字的检讨书和扣工资的惩罚,引起的后果是全车人员用休班时间去车队参加分析会。那个时候我很委屈,可是没有领导愿意听我的解释,他们要的是一种态度,他们的要求就是按规定作业。也是那次的分析会,让我近距离地看到了因为违章作业而引发的事故,那些血的教训触目惊心。这次错误让我知道,凡事不要存在侥幸心理,很多不愿发生的事就是在一次次小小的疏忽上发生了。

3

这让我想到了大多数人的校园生活,上课铃响了,你依然会跑进教室,手里拎着买好的早饭找个空座大吃特吃。上课时,老师在讲台上悉心教导,你会在下面扎堆"侃侃而谈"。那个时候的你,旷课、迟到、玩游戏都是常态,并没有觉得谁是特例,也毫不避讳地这样做着。因为大家心里知道,不管你迟到多久,教室的门都会永远为你敞开;不管你旷几节课,你不会的知识依然会有老师在旁边为你讲解;你之所以敢这么嚣张,只是因为你有一个叫作学校的保护圈,有一把叫作老师的保护伞!

老师问:有没有感觉书到用时方恨少?

我答:感觉还是待在学校好。

哪怕遍体鳞伤,也要活得漂亮

每个生命都是以哭啼声来问候这个世界,这就代表每个人都会在仅有的30 000多天里,经受磨砺、遭受苦难,哪怕遍体鳞伤,也不能辜负自己来这人世间一趟。

去努力做一只蝴蝶,一再地蜕变,不彷徨、不忧伤、破蛹而出,活成最美的模样。

刚刚步入成人的大门,离开父母的庇护,刚刚有了可以自己做主的权利,刚刚可以自己去思考自己的人生。我们的精彩才刚刚开始……

时光的齿轮转到入学那天,我拖着行李箱,心中默默笃定,“大学,要让自己发光”。于是,我们努力干活、努力听从各种指示、努力听课、努力参加各种活动、努力完成各种所应该完成的一切……从早晨五点到晚上十点,我们在忙碌中度过大学生活,再苦、再累、再无奈、再心酸,我们都从未想过放弃。因为,我们心底只有一个目标,那就是要活成自己最想要的样子。

大学三年,决不选择安逸。世界让我们遍体鳞伤,一定是为了能让我们在伤口上长出翅膀,飞向远方。如果要我说拼有什么意义,我只能说是为了变成更好的、独一无二的自己。在这个光怪陆离的人世间,没有谁可以将日子过得一帆风顺。那些历经劫数,尝遍世间百味的人,总是美丽而又自信。哪怕弄得遍体鳞伤,也要活得漂亮!一个有自尊,有梦想,有追求,有上进心的人,总不会在意脚下的砂砾,路边的磐石、头顶的烈日。他们在意的是雨天的彩虹、山顶的风景。只要能让自己更强大,吃点苦、受点累,又算得了什么呢?

奔跑吧!同学们,像雄鹰一样,卧穴三月,哪怕忍痛拔下自己的羽毛,也要蜕变,也要重生,也要再做一次蓝天下的霸主。哪怕遍体鳞伤,也要活的漂亮!哪怕肝脑涂地,也要对得起自己。即使日子黯淡无光、灰头土脸,也不要选择放弃;就算迎着冷眼和嘲笑,也要用力奔跑,让青春不留遗憾。生命的广阔,不经历磨难怎能看到。哪怕只有痛苦做伴,也要勇往直前。

相信日出照耀时将是你最美丽之时。

在岁月里努力,在时光里奋斗,何必向别人证明什么,何必埋怨自己,指责他人。所有的付出,不是为了让别人觉得你了不起,而是为了能让自己打心眼里看得起自己。找一个理由去坚持,超越昨天的自己、规划明天的自己。每天进步那么一点点,不知不觉中就会发现,自己正在变得更好。

人活一世,有想做的事就尽量去做,一世本就不长,我们更不应该在有限的生命里给自己留下些许不能释怀的遗憾。人生本就应大步向前,有想做的为什么不鼓起勇气去做呢?万一成功了呢?就算不成功,我们也已尽力,不给自己留遗憾。等以后老了再回想起来,这也是我们值得骄傲的事,因为曾经的自己拼过,奋斗过。

一辈子很长。哪怕遍体鳞伤,也要活得漂亮!

不过好当下的生活，哪有资格选择未来

从前，我一直觉得18岁是个坎，每个人的人生都是从那一年开始改变的，就像是抛硬币，赌运气，功败垂成，在此一举。正面，或者反面，似乎就代表了你接下来的一辈子。所以，在17岁的末尾，我过得战战兢兢，生怕错过人生重大的转折。

一个人的时候，我时常趴在桌子上望着窗外，思考那迷茫而又难以预测的未来，我以后要做什么样的工作？我以后要成为一个什么样的人？时间长了，也便释然，无所畏惧的随意地投掷着硬币。既然未来不可预测，那何不让当下的自己变得更优秀。这是我到18岁才明白的一个道理。

所以，当你做决定时，不要害怕落地的结果，怕就怕你早就失去了投掷硬币的那份勇气。

一直以来，我觉得我做不好的事情就不会去做，然而经历了一些事情之后才发现，相比“想不想”更重要的是“做不做”，做得不好不会让你比别人矮一截，但总是不想才会让你止步不前。后来那些认为做不好的事情，认真坚持下来，还会发现我原来还能做到啊，而且还不错。

在暴雨天里，真正让人瞩目的，不是瓢泼大雨，也不是天空中的电闪雷鸣，更不是路上行人五颜六色的雨伞，而是人群中那些没有伞的人。

因为当你来到世界上，不仅是要享受阳光和空气，还要承担一部分风吹雨打。

所以啊，朋友，不要担心，在你们感到彷徨、迷茫的时候，抬起头来，看看这世界为你准备好的那一片草木星空；也希望你在孤独无助的时候，站起来，走出去，找到那一片用温柔包裹着你们的天空，那里可以没有云彩，也可以没有飞鸟，但会有一片蔚蓝。

同一片天空，也会有不同景色，就像同一个自己，也会有很多面。成长像一场昼夜奔袭，我相信温柔或漆黑的暗夜之后，天光乍亮时，总会有一片天空，装得下所有的你。

刘同说过：“人生并不是一场说走就走的旅行，而是一场脚踏实地、奋不顾身、伤痕累累，却决不能认怂的战役。如果因为眼下的生活过不下去，所以向往远方，那么远方对你而言只是海市蜃楼。”所以啊，我们做事要一步一步地来，不要好高骛远，自己变得优秀了，你想要的一切都会来找你。

愿我们每个人，都能活得饱满而自在，愿我们都能证明这一点，生命是为了更好地成为自己，而不是成为更好的自己，因为，你自己本身就是最好的。

愿未来的你，要做无悔的事；未来的你，成熟了也不要失去格调；未来的你，仍要知世故但不世故。过好当下，未来由你选择。

无论风雨我愿做你前进路上的那座灯塔

党的十九大胜利闭幕,时下全国上下掀起了学习宣传落实十九大精神的热潮。习近平总书记的报告高屋建瓴、统揽全局、内涵丰富,是我党迈向新时代、开启新征程、续写新篇章的政治宣言和行动纲领。习总书记向全党全军全国各族人民发出了奋进新时代、开启新征程的号令。

1

在新时代开启新征程,新时代呼唤新作为的当下,我有幸被学院党委选派参加了山东省高校工委在临沂大学举办的山东省高校教师党支部书记示范培训班。一周的培训使我收获的不仅是知识的拓展和技能的提升,更多的是精神的升华和信仰的坚定,今天我将培训中的感悟分享给大家。

培训期间,让我印象尤为深刻的是影视教学和现场教学环节。观看《沂蒙六姐妹》电影,人物形象生动鲜活,剧情感人至深,月芬与公鸡拜堂成亲忠贞不渝直到终老;春英一生满怀期待的爱情换来的却是丈夫的骨灰;黑燕为"偷粮"烧草棚;兰花哭找有情人;沂蒙女子用柔弱的身躯肩扛门板在冰冷的河水中架起了一座火线桥,冒着枪林弹雨抢救伤员……一幕幕感人的场景深深地烙在我的心底,每个人的故事都触动了我内心深处的灵魂。当镜头出现战争胜利后一门三烈士的灵堂、满门忠烈的匾牌与齐刷刷跪倒哭泣的父老乡亲的画面时,那渗透在沂蒙人血液中的精神让我的心灵受到了深深的冲击和洗礼。感动和震撼的不单单是未尽的姻缘、满门的忠烈,更是沂蒙革命老区人民在国难当头时的不畏艰辛、艰苦奋斗的精神,更是战争将临时争相支前、舍小家顾大家、为党为民无私奉献的精神!沂蒙精神的力量,归根结底是信念的力量。

2

在沂蒙红嫂纪念馆中,旧门板、小推车,一双双军鞋、一盏盏马灯,依稀看见用乳汁救伤员的明德英、舍子拥军的方兰亭、永远的新娘李凤兰、跳进冰河甘当人桥的沂蒙姐妹……"最后一块布,做军装;最后一口饭,做军粮;最后一个儿子,送战场"。红色人物和震撼心灵的革命故事,诠释了在鲁中、鲁中南地区的"红嫂"在抗日战争和解放战争时期的无私奉献和丰功伟绩。

在孟良崮战役纪念馆中,一件件历史实物,一张张战场照片,一个个感人故事,真实再现了当年的战争惨烈的场景。

烈士墓前,我们集体默哀,缅怀革命先烈;英烈亭前,我们向粟裕将军墓敬献了鲜花,在烈士墓碑前重温了入党誓词。坟茔静静，松柏肃穆，诉说的是一段历史，感悟的是一种品质，传承的是一种精神。在老一辈革命者那种对党和人民事业无限忠诚、虽牺牲生命却在所不惜的精神的感召下，我对共产党人的理想信念和宗旨意识，有了更加深刻的领悟。

3

新时代，带来发展新要求、新课题。青年兴则国家兴，青年强则国家强。青年一代有理想、有本领、有担当，国家就有前途，民族就有希望。作为一名教育工作者，一名党员，我要立足岗位，不忘初心，牢记使命，立德树人，勇于担当。我愿做青年学生成长路上的一座灯塔，指引学生成长成才。始终将工作的出发点和落脚点立足于学生，一切为了学生，让优秀的学生更优秀，让每一位学生都进步，不让一个学生掉队。

我要让我的学生们懂得：位卑不敢忘忧国，天下兴亡，匹夫有责！教育好学生就是我当前的责任，不忘沂蒙六姐妹，不忘沂蒙精神。作为新时期的共产党员，我将继承和发扬革命先辈的光荣传统，弘扬新时期革命精神，坚定理想信念，脚踏实地，努力工作，开拓进取，无私奉献，真正把革命精神存之于心、践之于行、施之于教，把沂蒙精神在我的课堂上传承下去，让我的学生树立起伟大革命理想，教育青年学生们把个人的理想和追求并轨到伟大的时代征程当中，以更大的热情投入到工作和学习中去，为党的事业和人民群众奉献自己的力量。

4

我愿当好一颗传播的“种子”，把在培训班的所学所想所思，传授给身边的同志，把培训成果转化为今后工作的思路与标杆，用工作业绩体现培训效果，真正发挥好示范引领作用，带领全体师生认真学习党的方针、政策、法规，抓好落实，以问题为导向，围绕中心抓党建，抓好党建促发展，深入贯彻落实十九大精神。把党员教师和广大学生组织起来、凝聚起来，践行干在实处、走在前列的新要求，以赶超的勇气谋发展，以务实的精神补短板，以创新的思维促改革，在实现中国梦的生动实践中成就精彩人生。

“以梦为马，不负韶华”，同学们，现在我们正在开创一个伟大的事业。无论风雨我愿做你前进路上的那座灯塔，让我们不忘初心，牢记使命，在新的征途中一起创造新的辉煌！

谁才是真正的贫民窟的百万富翁

1

电影《贫民窟的百万富翁》的主人公杰玛不仅仅是金钱上的百万富翁。他没有像哥哥舍利姆那样用自己的力量和野心去追求自己想要的东西,他只是从不放弃。为了一个偶像的签名他可以跳进粪坑;他不放弃伙伴,在逃生之后仍回到火坑寻找被困于黑帮的伙伴;他爱一个人,不论时间和环境怎样改变,仍像阿甘一样绝无改变。他没有任何的豪言壮举和惊世骇俗的举动,他只是一直不抛弃,不放弃。这个人物让庸庸碌碌的我们为之惭愧,为之警醒……

2

前段时间和一个小学弟一起吃饭,一开始我以为他是在社科院读博士,谈话间才明了他是在社科院工作。他从读大一开始到研究生毕业到现在, 8 年的时间,每天都坚持把各个新闻媒体上的头条消息整理出来发到他的 QQ 群里。也正因为他的坚持才被社科院特招进去工作。

很多人实现不了自己的目标,很大程度上就是少了一种坚持,一种非要把事情干到底的精神,他们往往浅尝辄止,因此眼睁睁失去了可能到手的成功。看准了的事情,如果没有百折不挠的坚持和肯踏平坎坷的毅力绝难取得成功。每一个人都明白所有梦想的实现都需要努力,然而,很多人之所以没有实现心中的梦想,就在于多了空想和犹豫,少了努力和坚持。你有坚持把一件事情做完吗?你有每天都在坚持做的一件事情吗?你为什么而坚持呢?

我的答案是梦想。梦想是什么?梦想是奋斗的目标,是前进的动力,生活因为梦想而精彩,而充实。然而,生命中总会有那么一段时光,会感到迷茫,感到不安,这个时候需要我们停下忙碌的脚步回头看看走过的路,给在繁华浮沉中躁动的心片刻的安宁,思考一下当繁华散尽,我们内心深处最想要的是什么?生命的意义又在哪里?

3

季羡林在《人生的意义与价值》中谈到,“走运时,手里攥满了钞票,白天两次美食城,晚上一趟卡拉 OK,玩一点小权术,耍一点小聪明,甚至恣睢骄横,飞扬跋扈,昏昏沉沉,浑浑噩噩,等到钻入了骨灰盒,也不明白自己为什么活这一生。其中不走运的则穷困潦倒,终日为衣食奔波,愁眉苦脸,长吁短叹。即使日子还能过得去的,不愁衣食,能够温饱,然而也终日忙忙碌碌,被困于名缰,被缚于利索。同样是昏昏沉沉,浑浑噩噩,不知道为什么活过一生。”

芸芸众生之中的我们，也难免昏昏沉沉，也难免浑浑噩噩，但我常常在想，生命的过程也许就是一个人赤裸地来到这个世界体验生活的全过程。这个过程是否精彩，是否有意义，是否有价值，取决于你对生活的态度和认识，取决于你即便处在昏昏沉沉、浑浑噩噩之际，却能够通过思考意识到自己所处的状态，看清自己的真心，并敢于直面自己的真心。

4

岁月很长，时光很短。趁着青春还在，趁着遥远的未来还没来，趁着我们还有热烈的爱，淘尽浮躁，洗尽铅华，用梦想去拥抱青春的现在，托举青春的未来，实现人生的价值。

电影《贫民窟的百万富翁》中的拉提卡与杰玛在历经各自的坎坷之后终于拥抱在了一起，拉提卡的脸上是逃亡换来的刀疤，它提醒每个观者，这个世界固然残酷地超出每个人曾经的想象，但仍有很多东西值得我们去坚持，去追寻……

杰玛和拉提卡，他们才是真正的贫民窟的百万富翁。当他们拥有金钱时，他们仍有自己的信仰，他们相信真爱，他们彼此忠诚，他们敢于直面自己的真心……

梦想仗剑走天涯

曾经,我也静静地想过,我该怎样去实现自己的梦想。想一想,三分钟的热度最终只会烧伤自己,碌碌无为终究只是一个可怜的人,而做一个有志者才是向成功迈出的第一步。长大也是我的成功!

渐渐长大的我看懂了刘同的《谁的青春不迷茫》,他那150万字的北漂纪录,跨度十年的自我对话,给我们这些正处在青春期的孩子,树立了一个人生逆袭的榜样。因为年轻,所以没有选择,只能试试,就算我们对未来没有十分的把握,也需要搏一搏才能明白人生的精彩。要把快乐放在外面,失落放在心里,其实每个人都不曾因为苦而放弃,只会因为扛而成长。今天我们轻松了,并不是生活越来越容易,而是我们越来越坚强。

不抛弃,不放弃;不遗憾,不悲伤。人生下来就是来接受洗礼的,最终定会凤凰涅槃,浴火重生。第三季《超级演说家》亚军说过"不抱怨,靠自己"。他的经历也算是个奇葩,从不幸到有幸,接受了命运"妥妥的"安排。最后,总结现在的他时,有一句话说得非常好:"走到今天我回头再看,我走过的坎坷和挫折,原来都是上天对我最好的安排。"其实,人生没有过不去的坎,要始终相信命运是公平的,或许,它会拿走你的一些东西,但也一定会回馈你另一些东西,即使现在的你身处苦难中,也要坚信这一点,人生是一个破茧成蝶的过程,每一个生命的成长都需要经历一次次蜕变,然后才能成为更好的自己。

拥有一颗如水般平淡的心,是人生的一道风景,是一种境界,同样也是一种心情。生活本身是乏味的,就像很多人一样,日出而作,日落而归,有的人为了名利、金钱、地位,忙得身心疲惫;有的人为了成长和收获,沉醉于书海。正是因为有了这样的纷扰,生活才会变得五彩缤纷。然而,平平淡淡才是真,美好和快乐总是会在平淡中发掘。因为平淡中的幸福才是生命中最美好的时刻。

2017年已经逝去,崭新的未来就在我们眼前,未来的路充满着未知,除了迎难而上还能做什么呢?我坚信"有志者,事竟成,破釜沉舟,百二秦关终属楚;苦心人,天不负,卧薪尝胆,三千越甲可吞吴。"

不要抱怨,一定是你不够优秀

前几日接到锦姐邀约,满口答应后,却迟迟难以下笔。我想,三年时间里,那些生活教会我的东西,是我此生最有价值的珍贵财富。

谨以此文,献给我终将逝去却不曾后悔的青春。

2014 年 9 月我步入大学校园, 2017 年 7 月我毕业回到内蒙古。大学,教会我的最重要的第一句话就是不要抱怨生活,一定是你不够优秀。

生活是一个复杂的过程,但你是什么样子,生活就是什么样子。讲个故事,我有一个男同事,和我是老乡,又在同一个单位工作,我从他的口中听到过最多的话就是“这个社会太现实了,我要死了”“我不想长大”等等在我听来像一个弱者说的话,而他问过我最幼稚的问题就是“为什么你可以一个人活得那么自在,你不无聊吗?”而让我想拉黑他的原因就是他对我说:“我喜欢你,你能做我女朋友么,因为你跟我妈一样,可以保护我。”

同学们,你们要记住,无论何时,别把负能量带给身边的人,才是素质修养的体现。也要记住,别和负能量缠身还试图给你洗脑的人成为朋友,他们会成为你提升自己修养的累赘,无论遇到什么事,或好或坏,终究是会过去的。

起码现在不要相信“生活不止眼前的苟且,还有诗和远方”这样打消你生活积极性的心灵鸡汤,鸡汤不宜多喝。趁着年轻,大胆地走出去,去迎接风霜雨雪的洗礼,练就一颗忍耐、豁达、睿智的心,幸福才会来临。这世界上除了你自己,没有谁可以真正帮到你。鸡蛋,从外打破是食物,从内打破是生命。人生亦是,从外打破是压力,从内打破是成长。强者,都是含泪奔跑的人!

第二句话就是不要随波逐流,你只管做好你自己。

相信人生不会亏待你,你吃的苦,你受的累,你掉进的坑,你走错的路,都会练就独一无二、成熟、坚强、感恩的你。心简单,活着就简单;心自由,活着才自由。让心简单,让心透明,让心轻松,抱怨命运不如改变命运,抱怨生活不如改善生活。任何不顺心都是一种修炼,进锅炉的都是矿石,出来的却分矿渣和金属。凡事多找方法,少找借口,不管你有多难过,始终要相信,幸福就在不远处。坚持住,你定会看见最坚强的自己。

只有你努力了,尽力了,才有资格说自己的运气不好。世上没有一件工作不辛苦,没有一处人事不复杂。从今天起,每天微笑吧,世上除了生死,都是小事。因为有明天,今天永远只是起跑线。努力过后,才知道许多事情,坚持坚持,就过来了。一个人在外面打拼,很不容易,拼的就是坚强。

第三句话是无论何时,少说多做,不懂不说,做一个内敛的人。

越有故事的人越沉静简单,越肤浅单薄的人越浮躁不安。真正的强者,不是没有眼泪的人,而是含着眼泪依然奔跑的人。人的一生要疯狂一次,无论是为一个人,一段情,一段旅途,或一个梦想。我们要敢于背上超出自己预料的包袱,努力之后,你会发现自己要比想象中优秀很多。

放下你的三分钟热度,放空你禁不住诱惑的大脑,移开你容易被任何事物吸引的眼睛,闭上你什么都想聊两句八卦的嘴巴,静下心来好好做你该做的事,该好好努力了!

最后给大家分享一个我最爱的故事。

有一个姑娘,早上起来,她发现家里停电了。于是没办法用热水洗漱,用电吹风吹头发,不能热牛奶,烤面包,只好草草打理一下就出门。刚走进电梯,邻居家养的小狗一下子冲进来扑向她,上周刚买的米白长裙上顿时出现两个黑黑的爪印儿。开车被警察拦住,才想起来今天限行,罚了一百。到了公司,正好晚了一分钟,又被罚五十元。冲进会议室开例会,老板正在宣布工作调整的名单。她的业务居然被无故暂停,她的职位则被一个不学无术,整天就知道开豪车、泡嫩模的家伙所取代。午餐时间,所有人都闹着要新任主管请客,一窝蜂笑闹着出了门,没有人叫她。她一个人去了餐厅,刚把一口饭送进嘴里,重要客户打来电话。对方取消了金额最大的一笔订单,年底的奖金泡汤了。她看着面前的午餐,再无半分胃口。刚回公司,电话响起,妈妈在电话那端哽咽,说姥姥的病又重了,可能熬不过这个月了。她安慰着妈妈,丝毫不敢提及自己的工作变动,只说一定尽快回去看姥姥。放下电话,短信声响起,居然是暗恋了十年的对象发来的消息:Hi,我要结婚了。黄昏,她站在回家的路边等着打车,可每位司机听到要去的地点都拒载。

无奈,她踩着高跟鞋,拎着沉重的电脑包,朝家的方向走去,脚很快磨出了血泡,实在走不动了,太痛了。她蹲下来缓缓地揉着伤口,夜色笼罩,头顶的月亮冷冷地俯瞰着她,仿佛无声地提醒,家里还是一片黑暗,她的眼泪在一瞬间夺眶而出,看起来,我们的生活充满了悲伤。

拼尽全力事情会急转直下,刻骨铭心事情会草草结局,飞蛾扑火事情会灰飞烟灭,于是我们失望、沮丧、困惑、挣扎,甚至绝望,对这一切产生深深的不信任感与抗拒感。终于觉得筋疲力尽,无路可走。可是真的走不下去了吗?她站起来,擦干眼泪,摇晃着继续往前走,直到下一个路口,有一辆车终于停下来。报了地址,司机和气地说这么巧,我们住同一个小区,看小姑娘你走得辛苦,正好收工,免费送你回家。她连声道着谢上了车,电话响起。客户在另一端说,虽然订单取消,可是她的敬业态度让他感动,不知她是否对新的岗位感兴趣?如果愿意跳槽到自己的公司,薪水涨一倍,职务也提升。他说,其实我等你辞职已经等了好久,她惊喜地说着谢谢,心情豁然开朗起来,于是顺手给暗恋对象回了个短信说"祝你幸福",手机屏幕亮起,是他发来的回复:今天我跟阿姨通了电话,我们这周末一起回家看姥姥吧。她惊疑地回:为什么你要陪我回家看姥姥?他发来一个笑脸:如果不是想让姥姥开心,我不会把求婚提前这么久的。她不敢置信地望着那一行话,张大了嘴巴,手足无措。他像知道她的心事,又发:我都知道,我喜欢你。她眼圈一下子又红了,心里却炸开几朵烟花,一路抿着嘴笑。回家,拿出钥匙,邻居家的门却先开了,邻居笑眯眯地说:今天我遛狗回来,发现你家的电闸坏了,就叫我老公帮你修好了,她身后的小狗探出头来,“汪汪”两声,欢快地摇着尾巴。她推开家门,一室融融,满眼暖意。

所有的故事都会有一个答案。所有的答案却未必都如最初所愿,重要的是,在最终答案到来之前,你是否耐得住性子,守得稳初心,等得到转角的光明,你所抱怨的生活,都是你自己的不优秀。当自己足够强大,又心态坦然时,放宽心,坚持住,一切都是最好的安排!

谨以此文,献给我大学岁月和我不曾后悔的青春。岁月与你,温柔晴朗。但行好事,莫问前程。在此祝各位学弟学妹前程似锦,念念不忘,必有回响!

青春之梦

正值青春的我们,应该像一条奔腾不息的江河,奔向远方,流入大海。不积跬步无以至千里,青春就像东去的水,一去不复返!

挫折是成长的动力,前进是坚定的步伐。在一次次摔倒和拼搏之后,我们的人生才有意义和价值。有这样一句话:“在这个世界上,每一种色彩都应该绽放。”想要绽放,就少不了艰辛的努力和奋斗。奋斗的青春最美丽,它在奋斗中尽现飒爽英姿。就像雄鹰在搏击中获取力量,青松在风雨里彰显劲拔。在奋斗的路上,我们既要仰望星空,又要脚踏实地。作为一名当代大学生,应该放低姿态,虚心求学,在平凡的岗位上做出不平凡的成绩,乐于吃苦,甘于奉献。用满腔热血来谱写青春的音符,留下奋斗的足迹。大步实现青春之梦。

青春,只有同苦难做斗争,同困难展搏击,生命才会闪现诱人的光彩。

青春只是一次短暂的旅行,稍纵即逝,就像流星划过天际,留下一道美丽的弧线。很多人不知道青春能拿来做什么,雷锋说青春只属于那些勇于进取,不断拼搏,谦虚的人。我认为说得很有道理。马云说:“你整天玩着手机,挂着QQ,杀着游戏,你不去努力拼搏,你拿青春干什么?”青春不是用来消遣和浪费的,是用来奋斗的。

我们铁路工作者的也一样,很多人都漂泊在外,为了责任,忍受着寂寞与孤独。上夜班很辛苦,调车很热,夏天有蚊虫叮咬,冬日的寒风刮到脸上特别刺痛,尽管如此,我们仍选择坚持,很简单,坚持就是责任,坚持下去就是胜利。

有人说青春是一本密密麻麻的泛黄日记,还有人说青春是一路歪歪斜斜的脚印。我认为青春应该是一行疯疯癫癫的快乐文字。阳光总在风雨后,最美的风景总是在险峰。只要你肯攀登,就能见到它。

少年强,则国强。俗话说:“大河有水小河满,大河无水小河干。”只有把人生理想融入国家和民族的事业中,只有把青春热血融入铁路的事业发展中,才能体现我们铁路人的人生理想,才能更好地彰显我们的人生价值。

甘愿做一颗普通的螺丝钉,把可爱的人民安全地送达目的地,这就是我们最朴实的梦。这就是我们的青春之梦,生命之梦。

这一刻，温暖你

感恩节特辑·老师的话

今天,我想写一下我的老师——魏老师。在我印象中,他始终充满正能量、始终保持定力,又始终对学生无私付出。

提起笔,竟不知从何写起。暂且说一下老师讲过的三句话对我的影响吧。虽是简短的三句话,却在很多方面改变了我,让我受益终生,难以忘记。

1

第一句话,自然是有关学习。那是我第一次独自去办公室见老师,局促地坐在老师对面,紧张到说话都结巴,恨不得有一块屏风能挡住我的这份不安。眼前的魏老师,微笑中不失严峻,言语中尽显学识。我心里一万个忐忑,唯恐老师会问我有关学习的问题。可能全天下的导师最关心的就是学生的学习。在大致了解了我的情况后,魏老师问了我一些专业基础知识,在我把莫尔的"羊吃人"说成"人吃羊"的时候,老师就应该知道我的专业基础为零了。

他有些生气但又很有耐心地把专业基本理论讲了一遍,并和我说:"你要多看书,把基础打好,不要闷着头读原著,先把基本理论和社会历史搞清楚,在这个基础上再读原著就会容易一些。"老师这种广博的学识、严谨的逻辑以及独到的教育方法对我现在的学习起到了极大的启发作用。

2

第二句话,是有关我心态的改变。我从小就自尊心特别强,做什么事都希望做到最好,害怕失败,总是给自己施加一些无形的压力。考博期间更是如此,我每天惶惶恐恐,患得患失。有一次因为毕业论文的事情去见魏老师,他很关心地询问我复习的情况,我说担心自己考不上会很丢人。

老师放下手中的文件,有些不以为然地说:"不要担心,又不是说考不上博你就不能活了。有多少人考了好几年也考不上。"我心头一颤,仿佛一颗石头落了地。老师接着说:"你总是给自己的压力太大,负担很重,所以有时候你每前进一步都很困难。别太看重结果,学会享受这个过程,结果没有那么重要。"听完这句话,我的眼泪簌簌地流了下来,出于对老师的感谢,也出于对过去错误心态的一种告别。回去的路上,我感觉整个人都轻松了,有一种拨云见日的感觉。有时候真的很奇怪,只因为一句话,人可能就在一瞬间悟出很多道理,而这句话对我们的一生都会产生很重要的影响。也就是从那时候开始,我的心态发生了很大的改变,不再那么注重结果,不再那么在意别人的眼光,享受过程,做好自己。

3

第三句话,是关于历练成长。这件事发生在最近一段时间。我来到新的环境,各方面有些不适应,对于一些人和事,不知如何应对,显得有些茫然。研究生三年的我好像养成了“有事找老师”的习惯。终于有一天忍不住向魏老师诉苦,魏老师耐心地和我说:“到一个新的地方,面对不同的人和事,要妥善处理对待,学会有自己的主见。有时候处理棘手的问题恰是对自己的一种锻炼。”老师的话总是很简短,但却字字珠玑,对于我来说尤为如此。我开始调整状态,学着处理看起来棘手的事情和关系。后来发现,有些事情真的可能并没有你想得那么复杂。

但是,魏老师对我的关爱又何止是这三句话能表达出来的!

感恩节特辑·感谢恩师

日月忽其不淹兮,春与秋其代序。转眼间,我来济南已经十年了。十年的时间,我从读研究生到工作到结婚生子……这十年是我人生的一次重生,一次洗礼。在2017年感恩节即将到来之际,在悦听栏目,用这种特别的方式感谢我的恩师——魏恩政。

三年的读研经历是我人生中一次艰难的历练,有辛苦,有迷茫,但更多的是收获,是超越。回首三年的学习生活,内心总是波澜起伏,感慨万千。能够如愿师从魏恩政教授对于才疏学浅的我来说实属人生之大幸!都说师徒如父子,我想这大概也是为什么自古把老师尊称为“师父”的缘故吧。

1

接下来我就来和大家聊一聊我的师父,我的师父有一份豁达的胸襟,总是乐观向上;我的师父很博学,很有文采,讲课幽默诙谐却不乏寓意深刻;我的师父平易近人,与人说话总是面带微笑。三年的研究生生活,无论是学习、生活还是论文写作,都得到了师父无微不至的关怀与照顾。每当我在学习或生活上遇到问题时,他总是能激励我、鼓舞我。

忘不了那一次早上上课后我因为低血糖差点晕倒,他关切地给我打电话还给我订了饭。那次我哭了,不过眼泪很甜;忘不了他和师娘一起给我和小师弟包水饺,那饺子,啧啧,个儿大,馅儿足,咬上一口汤汁溅满嘴,真香;忘不了研三时,他拿着我的简历到处去帮我找工作,烈日下他的身影由清晰渐渐模糊。师父,原谅我没能鼓起勇气给那时的您一个结结实实的拥抱……

2

师恩难忘,难忘师恩!随着岁月的流逝,这种感觉愈加强烈。特别是当了老师之后,感恩师父,就如同有了孩子的我们感恩父母一样。从此习惯了,工作后每次有不顺心、不开心的时候总是第一时间给师父打电话,师父总是能用他那诙谐却富有哲理的话安慰我受伤的心灵并鼓励我勇敢认真地继续努力下去。每当生活中有解不开的疙瘩向师父诉说时,他总是谆谆教诲;最感动的是我结婚时,师父和师娘第一个赶到现场送我出嫁……

3

一直以来,我一直觉得自己是师父这些弟子中最平庸、最碌碌无为的一个。可不曾想,一次从小师妹的口中得知,师父竟经常在他们面前夸奖我。一时间,竟无语凝噎。桃李不言,下自成蹊,师恩深厚,不敢言报,唯有在以后的工作学习中倍加努力,力争有所建树,以报师恩。

落叶从树上飘落下,那是大树对滋养它的大地的感恩;白云在天空飘荡,那是白云对哺育它的蓝天的感恩;苍鹰在天空自由翱翔,那是苍鹰对锤炼它的长空的感恩。十年树木,百年树人。我国伟大的人民教育学家陶行知说过:“千教万教,教人求真;千学万学,学做真人。”我的师父,用他求真务实的精神,让“师父”这两个字踏实有力;我的师父,用他对学生的爱,让“师父”这两个字如沐春风、雨润万家;我的师父,用他自己的光亮,让“师父”这两个字有了更加灿烂的光华。我的师父用大海一样的胸怀、大山一样的气魄深深地影响着我们。感恩师父,感谢有你,让我有勇气做我自己。

黑夜的天空中,万千繁星里,有一颗最闪亮,它的光足以引导我前进,师父,那颗星就是您。

感谢音乐为伴

总会有那么一首歌，让我们戴着耳机单曲循环，一遍又一遍。你为什么会喜欢上那首歌，或者是因为旋律好听，对你的口味；又或者歌词写得动人，让你感同身受，觉得这首歌就是为你量身打造的。

生活中处处有音乐，音乐能使人放松，使人精神愉悦，是我们每天都需要的精神食粮。当你开心的时候，当你烦躁的时候，当你忧郁的时候，音乐总是那个能让你明朗起来的催化剂。

1

因为感同身受，所以才会特别喜欢一首歌带给你的感觉。我特别喜欢一首歌，最主要的缘由是歌词，让人感同身受，能唱进别人心里去，把想表达的态度传达给别人，越听越觉得就是写给自己的。有时候我觉得，歌词甚至比旋律更重要。歌是通过另一种方式将这些话说给你听，用另一种形式，更能让你接受并且喜欢上那种态度。

有些歌是靠旋律取胜，朗朗上口，使人不自觉地跟着哼唱起来。这种歌往往能给人带来快乐，让人感到放松，这时候，歌词就显得没那么重要了。就算是没有歌词，你也会喜欢上那个旋律。有的歌欢快有动感，能把人的情绪调动起来，让人不自觉地跟着旋律动起来。它使你感到愉悦，让你高兴起来。

2

音乐是生活中的一味调和剂，传递快乐，缓解悲伤。在无数个寒冷漆黑的夜里，是音乐带给我前进的动力，陪伴我走过漫长岁月。那些快乐与悲伤，失望与感动，被寄托在歌里，陪伴着一个又一个孤独的灵魂度过他们那些艰难的时光。生活在音乐中，不会有彷徨和迷茫，因为有音乐带给你力量。

音乐对于人的成长所带来的回忆是不可磨灭的。一首歌，让你瞬间从脑海里回想起这首歌与你之间的缘分。每一种回忆都令你欣喜，这样的感觉无比特别。让你哭，让你笑，让你理解歌曲的含义，这就是音乐所带来的魅力。

3

都说汪峰的歌悲壮有力量，有种野劲，犹如荒地上的枯草，无论如何狂风肆虐，它都坚强矗立。其实，是他的歌词唱到了你的心里，正如他歌中写到“你看车辆穿梭远处霓虹闪烁，这多像我们的梦。别哭！亲爱的人我们永远是这美丽世界的孤儿”，无论多么失落，多么不堪,还有音乐为伴,它永远不会缺席。

“每当我找不到存在的意义,每当我迷失在黑夜里,夜空中最亮的星,请照亮我前行,”音乐,就是我夜空中最亮的星。每当我们迷茫的时候,就戴上耳机,听听别人的故事,听听别人的经历。每首歌都会勾起你的回忆,只要你体会过,你便永远地记着它。

感谢所有的相逢,都是经历;感谢所有的不凡,都是礼物;感谢所有的好音乐,伴我度过一个又一个美好的日子。

父爱如秋阳

这是秋的季节，侵染的气息是沉重与伤感的。深秋沉淀了父爱，那堆积的爱如秋日的落叶，层层驳驳，渐渐在秋风中吹响爱的乐章。父亲是世界上最沉默的爱人，他用沉默丈量着岁月，用沉默填充着爱意，用沉默慢慢老去。它让我们开始思念，思念心底最深的思量，思念梦里最深的爱意。父亲就是我们长大以后的思念与牵挂。我们在日日忙碌之后，在夜色初上之时，在黎明来临之时，都会从心底涌上这些对父爱的思念。父爱悄无声息地陪在我们身边这么多年，如美酒静置在岁月中，越来越浓，愈发醇香。

1

时间过得越久，周遭的一切变化也就越大。小时候总是在意父亲陪伴我的时间，现在想来，父亲总是忙碌地让人心疼。也因为父亲是火车司机的缘故，我可以说是在铁轨边长大的。每天在火车的鸣笛声中起床，和小伙伴们在机务段里捉迷藏，有一次他甚至还把小小的我带上了火车头，让我看看他平常是怎么工作的。小时候我几乎感觉不到他的存在——因为他大部分时间都在跑车。那时候，我对“父亲”最深的印象只有：上幼儿园时英语口语拿了高分后被父亲举得很高，很高，感觉我伸手就能触碰到天空，大概就是现在网络用语中所说的“亲亲抱抱举高高”。虽然说，我对这高度有一些恐惧，但是对这个细节却意外地难以忘记。大概这就是对父亲的一种独一无二的记忆。

2

的确，当你有一天回头看时，那些往日的时光缝隙中尽显爱意。可能是读小学高年级时，放学后我独自一人回家。非常地不幸运，我遭遇了人生的第一次车祸——虽然是个小车祸。我到现在都还记得，被汽车压过的左脚有多疼。110医护人员叫来了我的父母，我的母亲看到我被压过后肿大的左脚，不停地抹眼泪。父亲是我到了医院之后才到场的。他匆匆忙忙地冲到三楼影像室。“大夫，她的脚有事吗？”父亲着急地问。“没有伤到骨头，就是淤青比较多。”医生看了下片，回答，“回去冷敷就好。”他松了口气，朝我挤出一个比较轻松的微笑。好巧不巧，医院的电梯正好停电了。我特别尴尬地看着停电的电梯不知所措。父亲不假思索地把我背起来走向一楼。在父亲的背上，我能感觉到父亲上气不接下气，能感觉到父亲这些年在一点点变老。而我在一天天长大成人的过程中，总是惹出各种事端，那一刻，我的羞愧感油然而生。

3

当你站在悬崖尽头时也不要失去希望，要多坚持一秒钟，等那个深爱着你的人，一骑绝尘如狂风闪电般出现在你面前。而我的父亲，就是这样的人。前不久，我父亲瞒着我从福州来到济南看我。当他突然出现在内宣部的门口时，我泪流不止。想家，想父母，想念生活了18年的小环境的所有，积压了几个月的情绪全部释放出来。第一次远离父母，独自一人来到陌生的环境学习。习惯了多年来被父母打点好一切，但是现在开始要学着独自一人面对一切。父亲给了我一个大大的拥抱，这个拥抱已没有小时候把我举高高那样有力。

4

这时，我才发现父亲老了。他的身影不再笔挺，他的眼神不再年轻，他的笑容不再飞扬。他的鬓角已斑白，他的眼角已见苍老，他的微笑愈发厚重。这时，心中会涌现层层落落的酸涩，或许是因为父亲的苍老，或许是因为爱的沉重，抑或是感叹岁月的无情与飞逝，又或者是对这份父爱内心的蓦然的理解。解读所有岁月给予的苦涩，那些过往的艰难，就会点点滴滴化成唇边的微笑，鼓励你继续前往。纯白童年的美好有父爱的紧紧跟随，而今看来变得更加纯美透亮；青葱岁月有了父爱的依依相伴，而今回想变得更加完美飞扬。

那些年有你们是我的小幸运

如果时光停在六月，那场曲终人散，你能留住什么？珍惜你的每一段友情，因为那些都来之不易。

1

那年夏天，热在身上，燥在心头，离别的气息充斥着整个校园却又被一场快要到来的考试压在每个人的心里，没人敢轻易提起，更没有人会料想到那场英语考试结束之后意味着什么。伴随着考试结束铃声的响起便是天南海北，是再见不易。有些人呐喊着友情万岁，却在以后的路上一不小心丢掉了一切；有些人手牵着手许下那份纯真的爱情誓言，走着走着便各自天涯。

曾经连上厕所都要牵着手去的三姐妹渐渐地不再联系，那些个熬着夜也要聊完的闺蜜之间的小话题渐渐地有了新的倾诉对象。有一次在QQ上和娟子聊起，问她和那两个朋友怎么样了，当年的三姐妹可都还好？娟子说很久没联系过了，便匆匆下线。后来再遇到娟子被埋怨了好久，说那天下线后哭了好久，毁了精致的妆容，我诧异道，你高中可是不喜欢化妆的女生，现在怎么开始化妆了，我挨了娟子用力打下来却不怎么疼的一拳。

2

毕业那天胖子鼓起勇气向暗恋了三年的姑娘表白，结果是美好的，没人料到他竟然成功了，于是那天好多人在毕业册上写了白头偕老的祝福话语，只是没想到或许是祝福过于随意了些，那个假期后姑娘考去了南方那所以国父命名的大学，而胖子出乎所有人意料地穿上戎装踏上了北去的列车。三年后的同学聚会两人已分手多时，姑娘剪了马尾换了个成熟的发型，更加迷人了，退伍回来的胖子的脸上也多了些岁月的气息，那一瞬间相看无言，唯有伴以笑脸。那晚胖子喝了好多好多酒，喝醉了冲服务员叫嚷着酒过期了，说太苦了，太苦了……

3

大熊身材魁梧，体型壮硕，不过大熊按照性别区分确实属于女性！那时每天教室里都能清晰地回荡着大熊的“咆哮”，那声音传出教室，传出校园，传到很远很远的地方，远到渐渐地听不见，远到让你发现你眼前那个熟悉的身影随着时光一点一点变得模糊。不过我清晰地记得开学第一天，有一个身材魁梧，体型壮硕的姑娘在自我介绍的时候惊呆了整个教室，不知道你能不能想象到那个画面，一个姑娘一拍桌子咆哮道，本姑娘最喜欢熊，没错就是熊！以后都得喊我熊姐！惊呆了的我们班主任，一个五十多岁的老教师。考试结束后大熊去了俄罗斯留学。那天在机场大家开玩笑说大熊去了最适合她的地方,大熊挥手和我们再见,笑得那么灿烂,转过身去我看着她的肩膀抖得厉害,欢乐的气氛终究没有敌过离别的忧伤。大熊你还欠我一瓶伏特加,它日相逢,干杯。

高中教室里每天的灯由学霸打开,最后再由学霸熄灭,对于我们始终难以理解学霸的生活,整整三年,学霸在我们吵闹的日子里始终与课本相伴,他厚厚的眼镜片后藏着一双深邃的眼眸,大家盛传学霸早已看破红尘,对于那场让所有人惶恐不安的考试,学霸显得格外淡定。不过考试成绩出来的时候学霸并没有考上大家猜想的那两所我国最高学府中的任意一所,学霸收拾行囊便匆匆去了我国的最北方。后来,当我还在穿着长袖时学霸发来了一张在冰天雪地里踏雪的照片。再见到学霸是不久前,学霸告诉我高考那天他紧张到差点忘记了自己的名字,手哆嗦到拿不住笔,所以后来的成绩不尽人意。不过大学里学霸选择了研究哲学,最近被保研,即将去往那所有着世界上最美樱花的大学。

4

记得考试的前一天举行毕业典礼,我抱着班主任哭了好久好久,任凭鼻涕眼泪抹在他穿了三年的西服外套上,他只是拍拍我的肩膀轻轻说了声"加油"。校园里漫天飘舞着同学们肆意扔出的习题册、试卷。那天有两样东西变得那么普通,一种是祝福,一种是泪水。一首名叫《今年夏天》的歌回荡在整个校园,同学们在相机前露出最可爱的笑脸,转身又抱在一起哭得不能自已。那么多郑重其事的道别,那么多信誓旦旦的诺言,约好了时光不老,我们不散,定下了当孩子干爹干妈的约定。我记得那天有一个人为了拥抱那一个人,笑着哭着拥抱了整个班;我记得那天有一群互相嫌弃的人抱着哭了好久;我记得那天有一整个班的人把校服穿得那么整洁,那么小心翼翼。

多少澎湃如海的回忆如今成了感慨。毕业照上的照片或许是我拍得最丑的照片,但是我却总是忍不住把它拿出来一遍又一遍地欣赏,看着看着就笑了,笑得像个孩子,笑着笑着又哭了,哭得像个傻子。我相信我们还会再见;我相信我们会一直想念;我相信我们都会很好;我相信我相信的一切会变成火焰,照耀彼此的脸,茫茫人海相互看见。

亲爱的你们,那些年有你们是我的小幸运。

我心中的白鹿精神

看完《白鹿原》，内心久久不能平静。

还在高三的时候，每周一次的大阅读是我最安静、快乐、满足的时候。我细细地浏览每一页纸张，突然看到了一个倔强地凝望着远方的老头儿。他的眼里带着丝丝沧桑，也带着一种读不出、写不来的情感，脸部的整体轮廓完全是一副被岁月打磨得不能再打磨的模样，棱角分明。不知怎的，我就是被这一个满脸皱纹、满脸担忧的抽烟老头感动得内心一皱，是的，感动，就好像我认识他一样。我开始满张纸搜索他的名字，哦，陈忠实，《白鹿原》的作者，一个躲在西安市东郊灞桥区西蒋村的老家旧屋追随自己笔下无数男男女女的伟大作家。

相识《白鹿原》，是一种意外，又是一种必然。

1

起初，只不过带着一种看热闹、看故事、看情节的态度来阅读这本书，可到后来愈加深沉，愈加激动。一个原，两个家族，三代人，四股力量，五种斗争，六件大事。我一步步感受了从清末民初到新中国成立后近五十年的血淋淋的历史，历史风云，文化兴替……

2

合上书后让我久久不能忘的，是白灵，眼神有天然凛凛傲气的灵灵娃儿，刚柔并济敢爱敢恨的兆鹏妻子，一心为国不畏强权的共产党员。看到她，我不由自主地想起了《平凡的世界》的田晓霞，从容大方、自信果断却也儿女情长。但唯一的不同是，白灵生活在了那个动荡的年代，她面临的岂止是个人情怀的培养和品格的升华，她面前的是待拯救的国家和百姓的生命。她冲破了封建束缚，上学堂，不裹脚，恋爱自由，从而让白鹿原活了起来。从小爸爸、妈妈、奶奶、哥哥都疼爱她，她却为了革命事业抛下了一切，不惜与家里断绝关系，放下一切念想，只是重复着一句话“这样也好，就当没有了我这个闺女”。上学期间，白灵与鹿兆海相爱，然而一个掷铜圆的游戏使他们走上了截然相反的道路，共产党的白灵和国民党的兆海都不能劝说对方来到自己身边，对革命的热情战胜了他们的儿女私情，虽然两人许诺彼此，然而感情却愈显淡漠。白灵在一次执行任务的过程中假扮兆海的哥哥鹿兆鹏之妻，思想上的共通和兆鹏的人格魅力使她爱上了兆鹏，他们从革命假伴侣变为了真心相爱的夫妻。然而这个思想先进又心怀天下的女性必然不会就此安顿下来居家过日子，她在延安根据地依然奉献着自己的青春，最终却死于不讲理的绞杀内奸的活动。白灵的一生都像一团热烈的火焰，呐喊，燃烧，发光发热，她是许许多多革命志士的一个缩影。

3

《白鹿原》里让我最哽咽的事莫过于白灵之死,兆海之死,朱先生之死,兆谦求学。白灵,这是一个为共产解放事业奉献了全部的人,但却在那个对叛徒“宁杀一百不放一个”的时代白白失去了生命。白灵死时我想到一句话,祖国母亲失去了一个优秀的女儿。鹿兆海,在我印象中他是温柔的,血气的,绅士的。这个热心救国的青年人,他应该在抗日战场上浴血杀敌,然而却在剿灭共产党的行动中死于中国自己人手下。当我看到他死后托人带给朱先生的四十三绺头发不是倭寇的而是中国共产党人的时候,我同朱先生一样,忍不住哭了。救国是现实,自相残杀也是现实,我开始愤恨那句可悲可气的话:攘外必先安内。多少人因为这句话丧失理性和良知而死在了自己人的刀下呢。朱先生,一个器宇轩昂地屹立于天地之间的知识分子,禁烟犁毁罂粟,赴乾州退清兵,门闩狗咬司令,背褡裢赈灾粮,穿土布不着洋……他活在现实却又脱于现实,但更加无奈于现实,终究“自信平生无愧事,死后方感对青天”。他去世时那么平淡,那么简单,更加让我怀念他,敬重他。而鹿兆谦,我之所以不叫他黑娃而叫他兆谦,是因为我觉得他是历尽千帆回来的学问人,粗犷而不失细腻的学问人。诚如朱先生所说:“别人是先踅下学问再出去闯世事,你是闯过了世事才来求学问;别人踅下学问为升官发财,你才是真个求学问为修身做人的。”难怪朱先生感叹:万万想不到我的弟子中真求学问的竟是个土匪胚子!

4

书的开头有一句巴尔扎克的话:小说被认为是一个民族的秘史。诚然,一个民族的许多秘密都在小说中佝偻着,它太小了,却又太重要了。它隐藏在马驹骡子的背上,隐藏在白鹿两家的四合院里,隐藏在芰荠菜水饭和臊子面里,隐藏在或是白赵氏、鹿贺氏或是朱白氏忙碌的身影中,隐藏在木桌上的羊肉泡馍里,隐藏在白灵、兆鹏、兆海、兆谦这些新生代的眼睛里,隐藏在白嘉轩和鹿三的苦苦坚守里,隐藏在祠堂的牌位里、戏楼的锣鼓里,也隐藏在长工们手上的老茧和丰收时的麦浪里,更隐藏在跳跃在原上的白鹿中……

我可能这辈子也放不下白鹿原了,也放不下那一本本的好书了,感谢它们与我相遇。

对的时间对的人

爱情是世界上最没道理的东西，它不是天道酬勤，不是通过辛勤的努力和付出就能百分之百得到回报；它不是数学题，只要演算方式无误就一定能找到正确的方向和出口，求得正解。它需要两个人彼此情投意合，共同努力才能坚持下去，却又因为任何一方单方面的放弃，就脆弱地瘫痪到底，没人说得清它是什么。可是你们知道的，它在那里，它就在那里。

——《流经存在的邂逅》

那年夏天，面若桃花，似你；那时刹那，心如澎湃，像我；这个冬天，你像烟花，我似秋草，命运终究把我们抛弃，我们始终如一条平行线，永远不会交汇。最终消散于人间，做彼此的过路人。

即使有了好的开头，奈何情深缘浅！

青春期的女孩与男孩还处于一个懵懵懂懂的时期，刚接触爱情都会有些迷茫和莫名的兴奋感。可是小说依然是小说，不会变成现实。小说来源于生活却又高于生活。站在流年的渡口，徘徊张望，叹息溅落如冬日的寒冰，划伤了一颗憔悴的心。再回首，岁月的离歌余音绕梁，惹人伤怀。再回首，生命的千般流转，淡泊了一颗心。曾几何时，想要和你一起看那一段花开花落云卷云舒，只是碍于现实的悲凉，徒添一个残梦，多少镜中花，水中月，困埋在红尘烟雨中，最后消散的是梦还是现实？提墨携纸，将你那莞尔一笑刻写在我心里，到了最后又是谁将你埋葬！

正如年年岁岁花相似，岁岁年年人不同。只道是不悔梦归处，只恨太匆匆。也只是希望能把青春的美好记在心头，纵使没有未来！

学生时代的那一次暗恋，那一次目光偶然间的对视，那一次擦肩而过，那么多的那一次，都是我们心底里无以言表的美好。纵使可能那只是从未表达出来的想法，只是自己心底的小秘密，但是这已经够了。

爱对了是爱情，爱错了是青春。爱情本是易耗品，风险必然会有，但都值得。人生没有白走的路，爱情亦是如此。每一个选择都是我们最宝贵的经历，他教会我们成长，并让我们一步一步走向更美好的自己。

在爱情中没有谁对谁错，只有适合和不适合，适合的两人可以相守一生、相濡以沫地走下去，无论是风吹还是雨打，也无论是欢喜还是困苦，两人间无缝隙可插，都可以不被如今这世界的繁华和诱惑迷失了自己，一直细水长流地相互理解、相互扶持地走下去；而不适合的两人，也终究会被这世上的各种各样的人或物所破坏掉，那么最终无论是人还是心都会越走越远。但是也会出现这样的情况，可能有些人过于主导，导致相处中出现摩擦，一点一点地积累到一个度便会爆发，如此这样还不如分开。人生大好时光何必用来彼此折磨呢！不适合就是不适合,分开就好了,这个世界上没有谁离不开谁,只不过是需要时间去使自己忘记,进而对这段恋情释怀,最终消失殆尽,两人相忘于人世,再不然还能做个朋友。

不谈几场恋爱的学生时代充满遗憾,恋爱或许甜美,或许苦涩,都是青春,都是美好。接下来的日子,要求不多,只希望,有一人真心懂你,可以彼此一直相互理解扶持地走完余生。

我们生活在这个时代里,没有谁敢说自己是绝对纯洁的,不受一丝丝污染,在这个世俗的大染缸里,我们或许会迷失方向,失去自我,找不到自己内心所想要的。但是唯有爱情,它是最纯真、最洁静的东西,它能将我们最纯真的模样刻录下来,保存在我们的脑海深处。

或许有的人不相信所谓的爱情,他们或许是受过伤,或许早已看淡红尘人世间的一切,对爱情早已失去了信心。可是人世间是真的有爱情这类东西的存在,谁没谈过一场轰轰烈烈的感受,不管结果怎样,我们依然相信爱情,相信我们自己的内心,只是用我们的青春,来祭奠我们伟大的爱情。

木心说过:“从前的日色变得很慢,车、马、邮件都慢,一生只够爱一个人。”现在的社会随着科技的发展,我们都崇尚过着忙碌的生活,从早上出去到晚上回家,我们都已看够了夜晚的城市的模样,甚至想停下来去感受一下慢生活。生活的压迫与鞭挞驱使着我们不断向前,我们不断在更新追求的目标,可就在这个过程中,我们已经丢失了一些属于我们的美好的东西,就这样,我们来不及后悔,可还是希望我们在这样的生活里,能够抽出时间,与我们的伴侣一起去感受人世间的美好,去品味人生的乐趣,细细地享受人生,享受生活,这或许是我们最向往的事了吧。

爱情这两个字,对我们来说,是需要付出责任与感情的。它也许是生活中必不可少的一件事,但同时我们也要注重自己的学习,齐头并进,在学习中收获我们的爱情,愿我们都心之所向,终会到达我们想要到的地方,得到我们想要的东西!

父　　亲

黑夜，你在银河中，织梦寻空。黎明，月将沉睡，你凝视着眼前的黑，泪两行变成书信，随着冬夜的冷风，回到那沧桑的路旁，滴落在沧桑的心上。

1

那天，我记得，记得您僵硬地放开手，把故作轻松的笑容留给我，把心中的话语说给我，把沉重的后背留给我，但却不把您的影子留给我……我没有那么脆弱，我很坚强，您就别担心了，不用牵挂我，我都这么大了，可以照顾好自己。

您知道我最喜欢您什么吗？是您的手，厚重的感觉带着淡淡的烟草味，那么坚硬，那么坚强，那不是茧，是勋章，是岁月。摸着它有踏实的感觉，那么安全，是我的依靠。小时候，牵着您的手，就像拥有了世界。拉着您在那熟悉的小陌上快乐地跑，就像拉着彩虹，以为世界原来这么绚烂。您，用手抚摸着我的脸，它的大小，它的厚重，它的味道，已深深刻在心里，从此，那便是一生的慰藉。

2

其实在很小的时候，我就开始了解您，即使您会毫不留情地打我骂我，但我在内心深处却知道您于心不忍，知道您恨铁不成钢。在我小时候，您总是忙于工作，我也渐渐淡漠了对您的感情，也很害怕和您单独谈话，因为我当时觉得和你并没有什么共同语言。但我真的错了，即使木门石桌变成回忆，青苔草地变成墙漆；即使人与人之间变得冷漠，也改变不了您对我的感情。

3

您的笑容，埋藏着沧桑的皱纹；您的黑发，被时间打磨得花白；您的脆弱，是戴着坚强的假面；您的日夜，充满了您对我的挂念。如果您是一棵参天大树，我就是一粒种子，您宽大的树荫把我守护，我每天都要眺望你的高度。我知道您的辛苦，明白您的付出，却忘记了如何与您相处，我们两个都不善于表露，但其实我们心里都清楚，这就是所谓的血脉传承吧。

深夜总想起那天您远去的背影，我只能远远地望着，想给您我的祝福，即使心里有满满的爱，可是一句也说不出。您知道吗，其实我并不坚强，我很脆弱，我害怕您松开我的手然后走远，我害怕看到您的背影，您的白发，扎进我的心里，而我只是在忍着涌动的泪水罢了。所以，请允许我喊住您，跨过人山人海，穿过岁月的隔阂，紧紧地抱住您，即使哽咽，也请让我大声地喊您一声“父亲”，父亲，感谢这一路上有您，无论海枯石烂，无论天塌地陷，只要您仍在家里等我，我就不惧怕回家的路漫长，一切都为了见到您。

祖国啊,我把自己献给你

有人说青少年是祖国的花朵,那我愿把自己献给你,愿祖国繁荣昌盛;有人说青少年是祖国的未来,那我愿意为祖国带去希望。希望祖国发展壮大,不断进步……

细雨如丝,编织如锦。虽然我只是祖国微不足道的一分子,但我愿努力完成自己所做的每件事。勿以善小而不为,勿以恶小而为之。生活中有许多小事,在我们视野中徘徊。做一件微不足道的好事,对我们没有什么好处,同样做一件微不足道的坏事,也对我们没有什么坏处。事情虽小,意义却如泰山般沉重。这不仅反映了一个国家公民的品德素质,更是一个国家文明程度的体现。在日常生活中做一件件“善小”,如果每一个人都如此做,那我们的民族何不进步,我们的国家何不富强?把每件小事做好,如同牛毛细雨汇聚成溪,集结成河,最终形成了汪洋大海。细雨如丝,编织成锦绣,我们的祖国便又多一份富丽。只要心存一颗真诚的心,坚持做好身边一件件小事,我们便为祖国做出了贡献。

“成功的花儿,人们只惊羡她现时的明艳,然而当初它的芽儿,浸透了奋斗的泪泉,洒遍了牺牲的血雨。”在这个时刻,在这个富有朝气的青春年华,学习是我们必不可缺的一项技能。如何学,为何学,学的怎样,这都是我们需要认真思考的。除此之外,要牢记圣人所言:“温故而知新,可以为师矣”的名言。时刻温习所学知识,让它沉淀,如那浓香的烈酒,越沉淀,越香醇。拼搏是学习的燃料,奋斗是学习的徽标。要想成为“成功的花儿”,我们需要的不仅是努力,须知,在那成功背后蕴藏了多少汗水,多少心酸,又有多少无奈。然而,这一切都是值得的,一切都是为了看见黎明前的那一缕曙光,我们毫不气馁,亦毫不放松。待到来年春季,化作“成功之花”,那时我会说,我无悔,我亦无憾。自己做出一份事业,便是为祖国的发展建设增添一份助力,祖国的发展离不开我们,而我们亦是祖国的一分子。

物已所足,精神匮乏。科技的发展,高楼的林立,物质的富足。这些都是我们所处的境地。然而,在现实中仍有某某得抑郁症,又或者谁因感情问题跳楼自杀。我们所需的一切物质欲望基本已经满足,既然已经满足,为什么会出现如此一件件骇人的事件呢?鲁迅先生曾弃医从文,他认为医术虽然可以治病救人,治愈人们身体上的伤患,却医治不了人们精神上的创伤,挽救不了中华民族。由此可见,一个民族若在精神上出了问题,那是金钱财力都换不来的。放眼世界,人们生活的节奏越来越快,人们的步伐越来越紧凑,人们的那颗心早已浮躁如火。这些都是需要“医治”的,我没办法改变世界,但我可以改变身边的人。举办书群交流活动,开展心理咨询驿站。让人们热爱生活,鼓励人们追寻生活的乐趣,提升人文品质修养,人们有了心灵港湾,便不会出现诸多类似事件。坚强,乐观,积极,努力,让正能量充满我们的心海,世界便会变得阳光灿烂。

最后,也是最重要的:紧跟党的步伐,深入贯彻落实党的思想价值观。十一届三中全会,是党的历史的转折点，同时也是我们中华民族走向昌盛的起点。而现在，党的十九大已经全面召开，这表明我们在实现中国梦的道路上又迈进了一大步。在全面建成小康社会决胜阶段、中国特色社会主义进入新时代的关键时期召开的这一次重大会议。习近平总书记在会上作出了重要报告，科学分析了当前国际国内形势，深刻阐述了五年来党和国家事业发展的历史性变革。而我们所要做的便是努力紧跟党的步伐，落实党的思想政策，“团结就是力量，团结就是力量……”，这首歌唱出了我们的心声，更标志着我们祖国这个大家庭，终将走向辉煌。

献上一朵鲜花，表达我的爱意；献上一份事业，表达我的衷心；献上青春，表达我那深沉的眷恋。祖国啊，我爱你！

爱情这件美好的小事

一个人朋友再多,有些话也无法与人倾诉;聚会再热闹,也会觉得自己孤孤单单。你觉得自己孤独,有些话无法与人说,有些情感只能自己慢慢体会;你觉得再亲近的朋友关系再亲密也弥补不了自己内心的空缺。你觉得孤单,是因为没有人陪伴,是因为没有一段能让自己充实的情感。你希望能有段美好的感情,你又不希望在爱情中迷失自己。

爱情开始时总是轰轰烈烈,你侬我侬。你会欣赏对方,并欣喜地感觉到对方的闪光点,这种感觉使得你迫不及待地想与人分享你这种喜悦,分享你此刻的充实与幸福。你很感激有他(她)的存在,能陪你度过那些漫长又孤独的日子。有他(她)的存在,连一些没有头绪的事情仿佛也变得明朗起来,你觉得有人帮你分担你的喜怒哀乐,就算全世界抛弃了你,除了家人外,他(她)也不会离开你。他(她)给了你许多动力,给了你许多单纯又美好的回忆,在一起的每分每秒你都觉得甜蜜。

爱情的中间阶段是甜蜜之后的争吵,没有理由。经过更长时间的相处,你逐渐不再认可他(她)身上的优点,或是习以为常。慢慢地你们会为一点小事争吵,先是有了不同的意见,然后你认为他(她)不再如同一段感情刚开始时的体贴与细心。经过许多次的争吵、和好,你开始考虑这段感情是否是正确的选择,或许经营这段感情并不如你想的那样简单。你可能想过结束,也想过如何调整继续这段感情,如何度过这段时间也就尤为重要。许多人走到这一步走不下去了,就分道扬镳。希望你好,也不希望因为感情的事过于纠结,失去自我。如果你正在经历这个阶段,希望你好好审视这段感情带给你的收获,慎重考虑后再做出选择。感情是两个人的事,需要相互的理解与支持,自私是无法维持一段好的感情的。

爱情的最后阶段是趋于安稳,平淡美好。有过甜蜜,有过争吵,这让你们更全面地认识到对方,也让你们真正懂得一份感情的真诚与可贵。如果你已走到这一步,恭喜你找到了一个合适的人,能真正陪伴你走过很长一段时间的人。要知道,爱情不只有美好,也有争执和波澜。

希望你能有段美好的感情陪你度过快乐的日子,但又不希望你过度沉迷,丢掉自我。爱情是附加品,并不是必需品,愿你不断提升自己,增强与对方的感情,而不是成为彼此的累赘。单身也好,恋爱也好,真正有意义的部分在于你学到了什么和感受到了什么。

真正好的感情是经过起起落落,仍能陪伴在对方身边,在彼此最需要的时候出现,平淡且有意义。单身也不代表什么,你现在要做的就是做更好的自己,变得更加优秀,等待那个真正合适的优秀的人来与你共同经历。切不可为了恋爱而恋爱,不要做让双方后悔的事,既然选择在一起,就要对对方负责,认真对待每一份感情。

正如歌中写道,“我相信你正在与我相遇的路上马不停蹄,所以当我拥抱整个世界的孤寂也像拥抱着你。有天我们总会遇到对方,然后说,原来是你哦”。愿你在爱情中更加独立,不要因为爱情而丢掉了自己。

掉在岁月里的纯真

原来是可以这么简单的，原来是可以这么单纯的。清风下，蓝天下，黄澄澄的草房子。黄昏下，红日西垂，晚霞高挂，映射着夕阳下那群小小的身影，而霞光将那些背影拉得很长很长……

小时候，躺在奶奶膝盖上，仰望着满天繁星，带着暖暖的爱，那爱无声无息，却又真实存在着，像一缕温和的花香，悄无声息，丝丝缕缕渗透在心间。奶奶的笑容犹在面旁。那时的温和笑容，还有多少暖心都镌刻在你的心海。你从童年中走来，段段记忆伴随在你身旁，阴晴圆缺，悲欢离合，天真或倔强，勇敢或怯弱。这些记忆是岁月的痕迹，划出一道白痕，在岁月里留下一段难忘的回忆。我想那便是童年，那便是美好，那便是当你蓦然回首时，足够让你内心伏起波澜的一抹生动。

然而岁月流逝，高楼迭起，科技日新月异。在回首时，那份纯真与亲切，那份天真烂漫，却早已不知消逝在何处。孩子们从小在周围环境的影响下，追求利益，学了一番人情世故，自小便成为一只“小狐狸”。

父母是孩子的第一任老师。从孩子呱呱落地之际，父母便陪伴他们成长。父母的一言一行，便被孩子所听去，所学去。“人之初，性本善。性相近，习相远。”由此可见，作为孩子第一任老师的重要性。《孩子，你慢慢来》中写到妈妈为孩子讲故事曾提到，童话《白雪公主》中巫婆用毒苹果毒害公主，《阿里巴巴里》里用滚油智取强盗的情节。读到这里，妈妈迅速合上了书本。“怎么能跟两岁的孩子讲这种故事？”现在仔细想想，里面确实有很多不可取之处，而我们平时并没有觉得这些故事有什么不对。然而，龙应台却为我们讲述了其中的危害性。由此可见，孩子的成长离不开母亲的细心陪伴。人们常说父爱如山，母爱似水。丝丝柔水滋润孩子的内心，座座青山锻炼孩子的秉性。父母的爱交错互织，这样才可以为孩子织出一片锦绣。

学校是孩子驻足的第二个港湾。学校作为孩子长期生活的地方，时时刻刻影响着孩子。学校应该是“归还阅书史，文字浩千顷”的地方。而现在却时常发生校园暴力事件，孩子们为了所谓的“兄弟义气”时常打得头破血流。学校本应是书声琅琅，鸟语花香的地方，而不是暴力的“乐园”。学校的氛围在很大程度上影响了孩子的行为，而老师在其中起的作用是极其重要的。这些违法乱纪行为应该及时被制止并扼杀在摇篮中，这样的事件便也不会发生了。

“吾日三省吾身：为人谋而不忠乎？与朋友交而不信乎？传不习乎？”自我的反省是至关重要的。“予独爱莲之出淤泥而不染，濯清涟而不妖，中通外直，不蔓不枝，香远益清，亭亭净植”，我们要做到身处污浊中而孑然一身，污秽不遮眼，垢土不染身，而孩子在学到知识后,便会时常学会自我反省,自小养成优秀品质。

保持那一份初始的“性本善”,孩子便多了一份纯真,多了一份属于他们蔚蓝天空。还给孩子一份纯真,天空便多一朵白云,世间便多一份正气,让我们共同以身作则,帮孩子重新唤回童真。

落叶归根

入春了，春风拂面带给人心旷神怡的感觉。看着枝头上依然光秃秃的枝丫，不禁有融入落叶的感怀。季节的轮换不容置疑，这是大自然内在规律运行的结果。落叶归根，同样是自然规律所在，一切在自然规律中循环进行。春天万物生机勃发，整个世界处于生机盎然的景象中，带给人的是希望，是寄托。夏季郁郁葱葱，是最为兴旺的时刻，处处彰显着生命的强盛；秋季是收获的季节，也是万物步入休眠的开始，那碧绿的叶青翠欲滴，仿佛步入了中年时刻，开始奉献自己了。

为了生存，为了以后的日子，一些人离开了自己的家乡，到他乡打工挣钱，从最基层的工作做起，一步一个脚印，艰难地往上爬。一路上风霜雨雪强打在脸上，留下一道道疤痕，也不肯停下。后来，他们没有辜负家乡对他们的期望，提高身份，获得了荣誉，为家乡添了光，也为自己争了光。

几十年过去了，那些年轻的容貌经过岁月地洗礼，已经消瘦不堪，看着他们苍老的面容，我想落叶应该归根了，昔日走出家乡的豪情壮志，如今早已消磨得差不多了，心中剩下的只有那生他养他、温和可亲的家乡了。

点点滴滴的时间在一步步地溜走，稚嫩的小树而今成为壮木，用手轻轻抚摸着伤痕累累的树干，忽然在这秋风中的一片树叶，在无限留恋中还是离开了大树的怀抱，随风慢慢地飘落下来，落在冰冷、一尘不染的水泥地上。

慢慢地弯腰拾起这片孤独的树叶。放在掌心，细细观察那分明的纹理，还有那时光独特的印记。怜爱地看着手中这片残损的落叶，心里却莫名地升起一丝淡淡的酸楚。顺手将落叶放入口袋，双手揣在兜里，继续向着城市的深处前行，却不知前方灯红酒绿为哪般。

风乍起，吹落一袭绿叶，于是它轻吻大地，化为芳泥，重归根的怀抱，这袭落叶，充盈着屈原的血泪，岳飞风波亭下的“精忠报国”，辛弃疾“北顾中原”时的赤胆忠心。当司马迁将一曲生命之歌唱响在历史的悲风中，我看到落叶飘洒，阐述着万世的爱，永恒的念。

又一阵秋风拂过，撩起小径上的落叶，瞬间光明漫天飞舞，像熊熊燃烧着的火焰，感染了我，眼睛湿润了，是泪水，是温暖，是感动。因为我终于又找回了自己，一个对未来憧憬着梦想的自己。

为了未来而努力，只愿某一天落叶归根时，它仍站在这儿，去接受这片宁静。

满腔热血，党的使命扛肩头

梁启超曾经说过:“今日之责任,不在他人而全在我之少年。少年志则国志、少年富则国富、少年强则国强,我们这一代人是祖国未来动力的源泉。”毛主席也曾经说过:“我们青年是未来祖国繁荣发展的希望。”作为新青年的我们,应该充分发挥自己的才能,努力奋斗,为中华的崛起而读书!坚守我们的方向,坚守我们的使命。

1

2017 年 9 月 9 日,于我而言是一个里程碑式的开始。因为这一天我走进了大学的校门,开始了真正的大学生活。时至今日,我已在山东职业学院度过了将近三个月的大学生活。新的学期,新的环境,我认识了许多新的同学,结交了许多新朋友和新老师,学习了更多新知识。我们一起观看了中国共产党第十九次全国代表大会。观看后我感到了一种时代的紧张感,习近平总书记在十九大会议中指出了我们既要全面建成小康社会、实现第一个百年奋斗目标,又要乘势而上开启全面建设社会主义现代化国家新征程,向第二个百年奋斗目标进军。习近平总书记还强调从现在到 2020 年,是全面建成小康社会的决胜期。我们也应该背负自己的使命,努力奋斗,像火车一般奔波向前。

2

人生若只如初见,我来到山东职业学院恰逢傍晚。报道时,我看到了那雄伟的大门,看到了远处的山丘上绚烂的晚霞。这时,这景,我感慨道:我的大学生活必会像这风景一样美丽。我的舍友来自天南海北,极具个性,我找不到更好的词来形容他们。最难忘的记忆是我们的军训。“一令一动,预备。”教官一声令下,所有队员齐刷刷地抬腿,双手抱腹。一分钟的定腿,大家不时用余光扫了一下周围,都是咬着牙坚持。旁边的哥们,更是憋红了脸,仿佛是一个即将爆炸的气球。总感觉教官的手表越走越慢,我们的一分钟是那样的漫长!当他说“放”时,我已是满头大汗。训练时,每个人都不自觉发抖。教官望着一个个黝黑的脸庞说:“你们是兵,你们的体能还不够!现在,留给我们训练的时间不多了,下面开始体能训练!”骄阳似火,汗水透湿衣背。队里的同学都在坚持着,没有一个想拖后腿的。

3

军训是一段煎熬的日子。但我们咬牙坚持下来了。回想一下,军训时万里晴空、艳阳高照,觉得自己完成了一个非常伟大的任务。有一句话我非常喜欢,“靡不有初,鲜克有终,不忘初心,方得始终”。我们广大青年团员的政治责任和历史使命不断上升,它存在的意义是让我们居安思危,时刻警醒自己为实现中华民族的伟大复兴而努力,为实现我们的中国梦去奉献,为我国的繁荣发展去奋斗。现在,我国正处于社会主义发展的重要时期,我们应该不忘初心,牢记使命,坚持到底!

展望未来,我们更有理由自信。中国特色社会主义进入了新时代,意味着中华民族迎来了从站起来、富起来到强起来的伟大飞跃,意味着中国特色社会主义道路、理论、制度、文化不断发展,中国日益走上世界舞台中央。在新时代的起点,我们必当坚定信心,奋发有为,不负时代。

520特辑·我曾喜欢的少年

最美好的年纪,就应该做最美好的事。像白雀从春日的阳光里穿梭,上下翻腾着,清脆的鸣叫声在空气中稀释变得舒缓,舒坦得让人听着想伸个懒腰。可我不想听什么舒坦的鸟鸣声,我只想你——我最美好的人,我曾喜欢的少年。

过去真的很美好,我不想追溯到迷迷蒙蒙的儿时。那时候的天空很蓝,我们很幼稚。总以为长大那么遥不可及,总以为永远很远。

人不能总是活在梦里。记得有人曾说过,总是回忆过去的人,大概是因为现在过得不幸福。可是我,过得挺幸福的。除去有这么一点点想你,只有这么一点点……

前几日上晚自习时我犯困了,趁着课间迷糊了一会,被上课铃吵醒时脑袋还是懵的,心不在焉地转着笔,感受着肚子的干瘪,想着一会下课了要赶紧去隔壁楼找你拿零食吃,这次绝不要在被你嘲讽是个小胖子了!想着想着手中的笔没拿稳,"叭"的一声飞到桌子下面。低头捡笔的时候挪凳子没挪动,才意识到这不是我的家乡,不是四中,不是我待了四年的教室了。

那好吧,我在心里默默说了这么一句。下了课自己乖乖去生物系买面包吧,还能指望谁呢?济南再好也不是生我养我的临沂。学校再好也不是有你的四中。别睡了,别做梦了,姑娘,赶紧起来学习吧。

明明心里难过地要命,还是自我劝慰,在哪都一样,只要自己足够坚强。可我,就算不找理由,也还是想你啊。

济南的冬天冷得令人发指!哪有书里老舍写的那样"温晴"。"冷"真的是我来到济南以后觉得济南最不友好的地方了。早晨跑操和晚上下自习后冷风从衣领子和袖口里灌进来。这个时候真得就感觉总是少穿件衣服。又想起每年冬天自己没穿外套在风中冻到凌乱的时候,看见你就像看见救星一样飞奔过去,手忙脚乱地从自己身上扒下外套,傻笑着朝我身上套,然后就会挨一脑瓜崩儿——意料之内。

如今我还是感觉到冷,冷到在风中瑟瑟发抖,一边挽住身旁友人的胳膊,一边紧了紧自己的大衣。走路也不在东张西望,因为张望不到熟悉的面庞,不用期待有一件带着体温微热的外套,也不用担心要去迎接一个从天而降的脑瓜崩儿。没有期待,也不出意外。临沂虽冷,却也冷不过没有你的济南。

闲暇时翻翻日历,即将又是一季春秋的末尾,哈口气都看得到水雾散在空气里。我搓搓手,缩了下肩膀,张了张嘴没忍住还是打了个喷嚏。最近习惯性地想起你,想起曾经傻傻的自己,竟然会因为那年圣诞节你送的礼物感动到稀里哗啦流眼泪。整整一天,向来人缘不差的我并没有收到一个平安果,说不失望是假的,只是装作无所谓。

万万没想到，晚自习时你竟然托别人送来了圣诞祝福。我抱着一个精致的盒子哭得抽抽搭搭，一天的失望都化为巨大的喜悦。朋友说，你快打开啊。这才把我从激动中拉回。我颤抖地伸出手，掀开盖子，看到的竟是：一个平安果安静地躺在小包装里，小包装还在盒子里不时滚来滚去！我的天哪！当时虽说我还沉浸在喜悦中没能自拔，但看到这个包装精美的平安果真地让我笑出声了，您这得花了多少心思在这包装上啊！挂着眼泪哭笑不得地看完了压在盒子里的一封信，结果又掉泪了。你说十年了，很高兴有我这么个朋友，你说你永远是我坚强的后盾，你还说我是你的掌上明珠。

情之所至，大概无非于此了吧。我却没想过我一直都想错了：你说，我永远是你最好的朋友。

昨天是“双十一”，也是传说中的“光棍节”。光棍节，忽然让我想起了你，没有女朋友的傻瓜。谁曾想一念起就情深。我想了想，谨慎又谨慎地在近乎蒙尘的对话框中戳了你一下。

许久，你才问我：“咋了？我打球呢”。我大着胆子发过去一句：“我想你了，哈哈”。你很快地回了我：“啊……”过了一会又补了一句：“我真的在打球”。

好吧，我明白了，你打球吧。我不打扰你了，我们的对话戛然而止。

我曾喜欢的少年，那么好，那么好。

好遗憾，认识了十二年，这么喜欢你，却还是没有在一起。

幸好，我从未拥有你。

幸好，我一直拥有你。

风采山职人

怀揣梦想 笃定前行

个人简介

王益民，男，中共党员，2010级土木工程系建工1033班毕业生。

在校期间曾任山东职业学院学生会主席、土木工程系团总支副书记，现就职中国铁路成都局集团有限公司涪陵工务段，任中国铁路成都局集团有限公司党委办公室党委宣传助理员。

以学为本 学践结合 全面发展

2010年9月，他怀揣着青春梦想，踏进了山职。面对新的大学生活，他既感到兴奋与期待，又感到些许胆怯与茫然。尽管如此，他还是尽快调整心态和状态，给自己制定了一些小目标，以快速融入大学生活。学生当以学为本。虽然大学生活的时间相对宽裕，但在学习方面，他从一开始就严格要求自己，并不断地提醒自己：来到大学首要任务就是学知识、学本领，只有把专业学好，将来走上社会才有立足之地。

就这样,他按照自己既定的目标,认真对待每一门课程。三年期间,他共获得7次A等奖学金、5次B等奖学金、2次C等奖学金。与此同时,在学习之余,他还不忘提高自身综合素质,因为他明白:只有全面发展才能适应社会的需求。因此,在课余时间,他积极参与班级管理和学生组织,以锻炼和培养自己沟通、协调、组织等各方面的综合能力。有付出,就有收获。在校期间,他曾担任班级体育委员、系体育部副部长、系团总支副书记、校学生会主席等学生干部职务。通过协助老师参与学生管理、组织开展各类活动、参加社会实践等各项工作,不仅充实了他的课余生活,更使他的综合素质在潜移默化中得到提升。对于在大学期间担任学生干部一事,他在参加工作之后有了更深的感触,对他成长影响深远,足以使他受益终生。

吃苦耐劳　踏实肯干　砥砺前行

俗话说:世界上从来没有一种工作是钱多、事少、离家近。农村出身的他更是不敢奢求。但他是幸运的,毕业之时,赶上了各大铁路局来校招聘,他便顺利签约了成都铁路局。

2013年7月,他再次背上行囊,辗转乘坐了30多个小时的火车去了成都。经过一个多月的岗前培训后,他被分配到了地属重庆的涪陵工务段。工区肩负着12.3公里正线线路、24组道岔以及众多站专线维修养护任务。由于天窗作业时间在夜晚,当人们还在梦乡的时候,他便已开始了工作,每天穿着油腻的工作服,甩压机,抱捣固机……面对工区艰苦的生活环境、繁重的体力劳动和枯燥的业余生活,他的内心早已打起了退堂鼓。

对此,他告诉自己,跑这么远过来,不能就一直这样下去。并不断鼓励自己,既来之则安之,自己选择的路,就要勇敢地去走。在接下来的时间里,他即使面对工务工作中的脏、苦、累,也再不抱怨,而是全身心投入到工作中,凭着一股子“钻劲”,成了师傅的“跟屁虫”,凡是师傅在看道、划撬,他就探着头可劲地瞧,不懂的地方就请教师傅,翻看书本自学,直至弄个明白。就这样不到3个月,他的现场业务能力很快提高,他也正是凭着脚踏实地、勤学苦钻的这种精神，得到了车间领导和工区工长的认可和喜欢。

那时车间里只要举办技术比武、演练比赛，工长总是带着他去参加，并在每次参赛中都取得了优秀名次。工作之余他还利用休息时间，发挥自己新闻写作的爱好和特长，围绕身边及工作中好人好事等，积极撰写稿件。他撰写的稿件也陆续被段网报刊、《西南铁道报》《人民铁道》报等媒体采用。久而久之，坚持不断地写文章的他“写出了名”，加上工作中吃苦耐劳、踏实肯干，于 2013 年 12 月份调入段党委办公室助勤，主要负责段网报刊的编辑和对内外的宣传工作。他再次深切体会到了只有付出，才有收获的道理。

珍惜机会　再接再厉　勇于担当

在段党委办公室助勤期间，他更是不怕苦、不怕累，主动要任务、挑担子，在枯燥的文字中寻找乐趣，边干边学边写，从最开始在办公室打杂的“门外汉”，到略知一二的“菜鸟”，再到自己能独当一面工作，他无论是在工作能力上还是在新闻写作上，都有了长足的进步。

助勤期间，他除了做好办公室日常事务性工作之外，还累计在《西南铁道报》《人民铁道》报等路局及以上媒体报刊平台发表各类文章 100 余篇。他的努力和工作成绩也得到了领导的认可。

机会总是留给有准备的人。2016 年 6 月份,段公开竞聘选拔干部,他参加竞选了党委办公室党委干事一职,经过考试、面试、测评、公示,并在 7 月份顺利接到了任免通知。这算是参加工作后的第二次变化,他再次深切感受到只有努力,极度努力,远超于他人的努力,才有可能获得进步。

担任党委干事以后,他也没有因此骄傲自满,而是继续保持谦虚好学、低调务实的作风,他在工作中不断地学习钻研创新,思考如何把宣传工作干得更好。比如说,在这个"互联网+"、全媒体时代,单纯的传统新闻写作已满足不了大众的需要,他就探索尝试,钻研学习图文排版、H5 网页制作、视频剪辑等,并着力打造新媒体宣传精品,他精心策划制作的作品获得了干部职工及路局新媒体平台的多次转载,起到了良好宣传效果。同时,通过三年多工作表现得到了上级部门肯定和认可。

2017 年 3 月,他调入路局党委宣传部新闻科助勤。这次算是参加工作后的第三次变化。2017 年 9 月份,他在路局宣传部助勤学习半年之后,又继续返回原单位负责宣传工作,这个时候,他虽然通过在路局宣传部助勤学习,提升了能力,开阔了眼界,为干好宣传工作奠定了更好的基础。但他依然不断地告诫和鞭策自己戒骄戒躁、不忘初心、脚踏实地、继续前进。就这样,他一如既往地认真做好本职工作,并于 2018 年年初顺利竞聘为党委宣传助理员一职。这算是他参加工作之后的第四次变化。

五年四次变化,他凭着自己的努力,向着梦想不断地前进。最后他跟学弟学妹们说:"梦在前方,路在脚下,唯有脚踏实地,才能梦想成真。"

你若出彩，生活便会闪耀

个人简介

石宝忠，2006年求学于山东职业学院，学习生物工程技术及应用，也是学院第一届生物系学生。在校期间先后任本系0631班体育委员、班长。

2009年毕业至今工作于山东博科生物产业有限公司，现任博科一部车间经理。

成长经历

石宝忠是地地道道的农村人，他的家乡并不发达且因经济以及交通条件的限制，在高考之前他都没走出过平度市，因而他像许多农村孩子一样从心底里认识到学习就是唯一的出路。他深知“贫穷使人进步”，认为自己并不属于聪明的一类人，所以他明白自己要比别人付出的更多才行。在高中的时候，他因为学习而患轻度抑郁；在进入大学的时候他仿佛得到了重生，也迎来了人生中的新起点。他终于走出了大山，拥抱城市，犹如一只放飞的小鸟自由飞翔。

大学生活与以前只是充满学习的中学生活是有一定差距的，大学生活并不是想象中那样自由，而是需要自我管理，能真正做到理论与实践相结合。要利用好这关键时期，充实自己和锻炼自己。

就读期间，他遇到了几位恩师，史老师、苏老师、吕老师、卢老师……学校里的老师是学生学习的指导者，也是生活中的好朋友，正因如此大学生活让他感到快乐而且充满了乐趣，更加坚定未来要走的路。他认为学习不单是依靠机械式的灌输，更多的是根据自己的兴趣定位。变被动为主动的学习方式让他在工作生涯中少走了许多弯路。他对大学里的实验课程特别感兴趣，认真总结实验得出的结果以及在实验过程中出现的问题，他很感谢学校提供开放的实验室以及所需要的实验器材，这是他进步的必备条件。就这样在不知不觉中受益匪浅，在没有感觉到太大压力的情况下，他的成绩提升了，同时也得到了老师的认可。有一种幸福就是被认可，它是生活和学习的动力源泉，不断地被认可才能找到自己人生的价值所在，学习如此，工作更是如此。

他在校期间曾获得多项荣誉，例如获得植物液萃取实验比赛一等奖、学院羽毛球双打比赛第二名、多次获得学院优秀奖学金、被评为院优秀学生会干部和校社团工作积极分子等等。

“做人不忘本”，在求学期间他常利用假期时间勤工俭学，这不仅仅给家里减轻了些许生活压力，也为他毕业后能以最佳的状态投入到工作中并且比别人先行一步奠定了一定的基础。

实习生涯

石宝忠在老师提供的线索下联系了山东省农科院，他在农科院实习期间学习到了食用菌种植培养技术，主要接触平菇、猴头菇、香菇、灵芝等菌种培养技术，灵芝孢子粉的加工技术和液氮提取细胞技术。后来偶然参加了农科院组织的实训，得到去邹平食用菌种植基地实践的大好机会，实习期间也获得了农科院博士的好评。

后来他又参加了学校组织的毕业实习——青岛啤酒厂实习，在此期间了解了青岛啤酒的发展史以及青岛啤酒的企业文化，了解了企业啤酒酿造的流程，以及控制点。在这次实习中，他的实践能力和思维能力都得到了很大的提高。

工作经历

石宝忠在2009年毕业后任职于山东博科生物产业有限公司，一开始他的工作并不是那么一帆风顺，但是他始终都对公司的发展有信心，也对自己有信心，所以选择了坚持并与公司共渡难关；2010年10月，公司境况好转，经公司内部调整，决定由他主导体外诊断试剂生产工艺及仓库管理工作。在2011年顺应时代自我创新的步伐下，他申请并授权了自主知识产权3项，其中发明专利1项；2013年他深入医疗器械行业质量管理体系培训学习，并成功拿到国家内审员资格证书，并在公司安全生产管理工作中，荣获明水经济开发区安全生产先进个人称号。

德国足球运动员塞巴斯蒂安·泽林斯基曾经说过：“学会集体工作的艺术。在今天的科学中，只有集体的努力才会有真正的成就。如果你一个人工作，即使你有非凡的能力，你也不能在科学上做出巨大的发现，而你的同事将始终是你的思想的扩音器和放大器，正如你自己——集体中的一员——也是别人的思想的扩音器和放大器一样。”

简单地说，团队是一种精神，是一种力量，它是现代社会中不可缺少的因素。要知道你并不是一个人在奋斗，团队协作能攻克一切难关。如果自认为选择的路是对的，那么就要毫不犹豫地坚持下去，不要给人生留下遗憾，也不要半途而废，因为那永远不会成功。无论你取得什么样的工作成就，也要记得和大家分享，而自己也要时刻做好心态归零的准备，“是金子总会发光”，你的付出不是没有人看见，只是付出得还不够，坚持下去你总会有收获。

最后他说：“在此感谢母校给予的此次机会，我做了我该做的，希望我的学弟学妹们在学习上和工作上少走弯路！记住你们每个人都很优秀，‘长江后浪推前浪’，我还要不断努力，等你们来超越，我在‘博科’等你们！”

机会都是留给有准备的人

个人简介

孟家龙，2013 年就读于山东职业学院轨道交通学院铁道机车车辆专业，在校期间曾担任院社团联合会办公室主任、院大学生就业与创业联合会副主席、系学生会副主席、机车1336 班班长。

2016 年毕业至今工作于济南铁路局青岛机务段，现为一名电力机车副司机。

成长历程

孟家龙在初中时是父母眼中的坏孩子，老师眼中的坏学生，不努力学习，偶尔还会逃课、打架。曾经让父母操碎了心，让老师也十分失望，值得庆幸的是他没有继续自甘堕落下去。在 2013 年 8 月收到山职的录取通知书的那一天，他便下定决心要对之前的自己说再见，在未知的大学生活中要做一个全新的自己！

2013 年 9 月 14 日，他入学的那一天，校园中自由的氛围深深地吸引着他，崭新的学生生活就在他的面前，他怀着一颗期待而又郑重的心主动向助导申请成为班里的临时负责人，并在最后的班委选举中当选为班长。生活中，他团结同学，辅助老师，每一件小事在他看来都不仅仅是一种责任，更是一种义务和信任。不光如此，他的学习成绩也一直很好，连续五个学期获得 A 等奖学金。人可能就是这样努力把自己变得更优秀才会变得更加的幸运，在老师和同学们的支持下他当选为系学生会副主席，在学习跟学生工作中他也遇到了几位恩师，齐老师、刘老师、殷老师、张老师、魏老师……他们不仅在学习中为他提供帮助，更为他提供了更高更广阔的平台，让他在校期间能锻炼能力，展现自我。他也多次代表学校参加各项竞赛，曾获得中国大学生“互联网+”大赛山东赛区优秀奖、山东第二届电子网络创意创新大赛三等奖等。大学时的他不仅获得了荣誉，学到了知识，更是让他开阔了眼界，提高了心境，锻炼了自己，提高了能力，为今后踏上工作岗位、走向社会夯实了基础。

他在校期间考取了电工证、普通话证、计算机二级证，也获得了多项荣誉，如省优秀毕业生、“省大学生青年社团骨干培训班优秀学员”称号、院优秀学生干部、院第二批青年马克思主义培训班优秀学员等。

实习生涯

孟家龙在参加济南西机务段临沂运用车间实习期间，对电力机车 HXD3 与 SS4 的基本构造进行学习，也在车间派班室对完整的机班出勤作业流程有了一定的了解，并且他实地登乘了 HXD3 型电力机车驾驶室和机械间，提前了解今后的工作环境与工作流程。

工作经历

2016 年 8 月他就职于济南铁路局青岛机务段。分到淄博的时候，第一次让他切身体会到了什么叫作生活，离开了象牙塔，脱离了父母的照顾和老师的指引，他才渐渐明白了社会与校园的区别。尽管他来到了一个完全陌生的环境，但是在大学的经历告诉他一定要坚持自我，不忘初心。于是，他每天都在努力工作，认真学习业务知识，不怕苦不怕累，一直奋斗在铁路运输的第一线，业务能力在一天天的学习中不断累积，在副司机增驾考试中高分通过，平时的努力得到了领导的赏识，让他有了更多展现自己的机会。与此同时，他在学校里学的东西排上了用场，熟练的办公软件操作及办事效率得到了领导们的一致好评，工作一年便获得了工会积极分子的荣誉。

在三年的大学生涯中，有欢笑有哭泣，更多的是他对母校的感激。

孟家龙说：“现在山东职业学院已经成为各大铁路局的金字招牌，我校走出来的毕业生在铁道运输的各个岗位上发挥着自己的作用。精湛的技艺，熟练的业务是母校赋予我们的无价的财富，作为山职的学生，我感到无上荣幸！今后，我更希望我的母校培育出更多优秀的人才！”

以身作则,勇于创新,不畏将来!

个人简介

谭荣超，1991年11月生,中共党员，2011级机械工程系模具设计与制造专业毕业生。在校曾任院学生会秘书宣传部部长、系记者团团长、编辑部部长、新媒体实践部部长等,后考取西南交通大学网络学院本科学历。

2013年11月于北京铁路局丰台机务段实习,现为丰台运用车间司机,兼任段团委委员、丰台运用车间团支书记。

金子到哪都会发光

自知和无知,正是优秀者和平庸者最大的区别。谭荣超性格开朗、稳重,思维缜密,逻辑清晰,积极向上,善于写作、写诗、摄影、辩论、活动策划、剧本撰写等,具有较强组织能力、学习能力和语言表达能力。而大学更是给谭荣超创造了充分发挥才能的空间,他开始有足够的时间去认真思考怎样的人生才是有意义的人生;树立新的价值观、人生观、世界观,成为一个有温度、懂情趣、会思考的人。在校期间,谭荣超荣获省级优秀毕业生,国家励志奖学金,多次获得系奖学金,被评为院优秀学生干部、系优秀学生干部、院辩论赛“最佳辩手”、院“优秀十佳主持人”等。

努力工作的时光不会被辜负

2013年11月至2014年7月,谭荣超到北京铁路局丰台机务段学习副司机(实习);

2014 年 8 月至 2016 年 7 月担任丰台机务段学习司机，兼任京沪车队团支部书记；2015 年被选为段团委委员，同年被选拔到“毛泽东号”机车组学习；2016 年 8 月至今担任丰台运用车间司机，兼任段团委委员、丰台运用车间团总书记。

努力工作便得到了实现价值的舞台

天生我材必有用，千金散尽还复来。初入路时，谭荣超还很稚嫩，对未来怀着激昂的热情，有在职场上一展身手的野心。但是职场是很残酷的，优胜劣汰一直是职场的生存法则。只有志存高远，不断学习完善自己，才能立于不败之地。正因懂得这个道理，谭荣超十分刻苦地学习技术业务，顺利实现从学员、副司机、司机的角色转变；日常值乘作业中，他带头执行标准化，在行车过程中从未发生任何违章违纪行为，未受到任何牌卡考核，防止各类事故十余起，对工作积极进行科技论文创新，先后发表《HXD3B 型机车牵引客车平稳节能操纵的研究》《浅谈电力机车过分相平稳操纵办法》等论文。他曾获丰台机务段 2017 年度合理化建议及技术改进成果进步奖，丰台机务段 2017 年上半年优秀论文（科技类）等技术奖项。

以身作则，勇于创新，不畏将来！

作为一名团干部，谭荣起带领团员青年共同学习技术业务，定期模拟非正常行车，不断提升技术业务水平；他充分发挥个人写作所长，广泛宣传段重点工作，弘扬先进青年的典型事迹，积极参与志愿活动累计 300 余小时，积极围绕段中心工作和企业文化撰写新闻稿件，在《中国青年》《腾讯文学》《人民铁道》《铁道团讯》《北京市共青团》《北京铁道报》《京铁政工》《京铁青年》《京铁手机报》《丰机青年》等路内外报刊网站发表文章数百篇。车间团总支荣获全局五四红旗团支部，全局安全生产先进团支部，个人曾获全路优秀共青团员、全路春运立功竞赛先进个人、全局“尼红式”青年、全局暑运立功竞赛先进个人、全局优秀共青团员、丰台机务段“十大杰出青年”、丰台机务段优秀团干部、北京市“安全第一，生命至上”

诗歌征集大赛优秀奖、全局职工创作征文活动小说类优秀奖等荣誉。

谭荣超说："没有付出，就没有收获，在该奋斗的年纪，我们不应该选择安逸的生活。作为一名山职人，我们更应该时刻牢记'知能共进，德道同优'的校训精神，在十二万公里的铁道线上，高举旗帜，用激情奋斗谱写最美的青春华章。在铁路强国的新征程中书写人生更为华美的诗篇。在追梦前行的路上，我们永远年轻，永远热泪盈眶！"

任重而道远，青年们必须要有远大志向，要具备为实现这一理想而奉献终生的毅力。在如今这个科技为本的时代，获取知识、深化知识，将知识应用于实际的过程必将充满艰难险阻，然而志向会鼓励你勇敢面对挑战，会激发你的斗志，促你前行。想，要壮志凌云；干，要脚踏实地。因此凡是要做大事的人，首先要沉着冷静，志存高远，才能收获成功。

不忘初心，砥砺前行

个人简介

张贺，山东职业学院铁道工程与土木工程系铁道工程技术专业2013级学生，曾担任校大学生就业与创业联合会主席、校秘书处秘书长、系社团联合会主席、党课班长及2014级助理辅导员等职务。

2016年毕业至今工作于青岛地铁集团有限公司运营分公司工务部。

成长经历

张贺出生于山东德州一个普普通通的家庭，小时候的他调皮而且捣蛋，由于父母在外经商，工作比较繁忙，平日里也顾不上管他，但正因如此，他更早地学会了独立与自强。他性格要强，平时也非常积极努力，自己能做到的事情从来不会麻烦别人。随着年龄的增长，他变得越来越理解家人，做事也更加认真。当他步入大学的时候，便找到了适合自己发挥的舞台，新的起点，新的希望，于是他抓住机会，不断锻炼自己，让自己更加优秀。

大学，主要是对思维方式的锻炼，它能引导你如何去看待周边的事物，真正使你的价值观、世界观和人生观变得成熟。你了解得越多，自身的思考就越全面。在校期间，他非常庆幸能遇到魏老师、张老师、齐老师、刘老师、胥老师等老师，这些恩师如伯乐一般为他指引着前方的道路。恩师不仅仅是人生道路上的引路人，还是他的忘年之交。

学习是学生的天职,他也始终深知作为一个学生主要的工作就是学习,因此在校期间他一直保持着谦虚、谨慎、严以律己的态度,积极努力地去学习。对每一门功课都不敢有丝毫的懈怠,上课认真听讲,课后针对不懂的问题积极地向老师和同学请教。除了学习专业知识之外,他还不断扩宽自己的知识面,经常去图书馆读书并且还荣获过学校组织的“书香校园”征文活动的奖项,他广泛积累各科知识,并注重理论与实践的结合,在寒暑假期间,积极参加各类社会实践活动。

天道酬勤,当你做好准备的时候,上天是不会辜负你的。他全方面地发展自己,大二便担任了地铁订单班班长,除辅助各科老师完成班级日常事务外,他还及时对接公司的培训,做好上传下达等工作。他多次带领学校社团参加省级比赛,如山东省职业院校技能大赛“测绘测量”、驻济高校英语演讲比赛,并且获得了奖项,他还带领社团成员配合学院教务处顺利完成2015年的单招工作。他曾荣获“第六届齐鲁大学生创业计划”竞赛、“山东省首届信息技术与信息化创新创业”大赛的奖项,被授予省级优秀毕业生、校级优秀学生干部、入党积极分子、校社会实践先进个人等称号。

工作经历

张贺2016年毕业后任职于青岛地铁集团有限公司运营分公司工务部,他谨记军训中“不忘初心,砥砺前行”的精神,再苦再累,也始终坚定他自己的信念,作为军训代表,为地铁注入新鲜血液,宣誓青铁人的使命。在该公司年会中他也贡献着自己的力量,第一年就取得一级策划的殊荣。在工作岗位上,他负责线路的检查和维修养护,在地铁3号线跟着师傅勤奋学习,和同事多交流,积极提升自身的业务水平,更是得到领导的认可,获得最佳新员工和检修能手荣誉称号。

2017年3月他被调往地铁2号线参与建设工作,经历了由参建到轨通再到正式运营的

整个过程。身为一名共产党员的他,始终肩负着为人民服务的重担,从自身做起,从小事做起,肯吃苦,肯用功,积极贯彻落实十九大精神,与时俱进,勤于思考。在参建过程中,不管遇到多么恶劣的环境,从不退缩,攻坚克难,始终牢记共产党人的责与担当。

新时代是奋斗者的时代,只有奋斗的人生才称得上是幸福的人生。我们要热爱自己的工作,工作不养闲人,团队不养懒人,与其担心未来,不如现在脚踏实地地努力,好好读书。决定你未来的,不是学历,而是不管在什么环境中,你都能知道自己要成为哪种人。

最后他说:“感谢母校,感谢恩师们对我的磨炼及培养。在此,我想告诉我的师弟师妹们,我们的人生道路也许会沼泽遍布,荆棘丛生,但你要坚信,我们现在所经历的坎坷都会变成一把把利剑为你今后的人生道路斩难除惑。不忘初心,砥砺前行,坚持你想做的,不因困难退避,不因艰辛踌躇。奋斗路上的我们,一起加油! 我在青铁等你!”

一直在路上——勿忘初心、继续前行

个人简介

刘国凯,中共党员,山东职业学院2009级土木工程系工程造价0932班毕业生。在校曾任山东职业学院学生会主席、土木工程系团总支副书记。现就职山东魏桥铝电有限公司(世界200强企业),任基建管理办公室基建二处处长秘书。

回忆"青春年少"

三年的时间很长但稍纵即逝,他在回顾大学生活时,用"感恩"一词作总结。2009年9月,他怀揣着青春梦想,踏进了山职。面对新的生活环境,他兴奋又期待,还有些许的胆怯与茫然。尽管如此,他还是很快调整了心态和状态,先给自己制定一个小目标,尽快适应并融入大学生活,养成自学习惯,把学习搞好,多参加院系活动,丰富课余生活来增加他的阅历。

来大学是来学习的!虽然大学生活在时间上相对宽裕,但在学习方面,他从一开始就要严格要求自己,并不断地提醒自己,来上大学是为了将来有更好的工作和生活。就这样,他按照自己的目标,认真对待每一门课程,大学三年期间,共获得A等奖学金两次、B等奖学金两次、C等奖学金两次,一次国家励志奖学金,这也为他日后走向社会,打下了坚实的基础。当然,大学他也曾有过尝试、有过疯狂,连续的通宵游戏,逃课出去游玩,就像网络上流行的“没逃过课的大学生活是不完整的”一样。但是参加工作后，他后悔了，后悔当时的年少无知，他说道：当你在网吧通宵游戏的时候，可曾知道那是爸妈熬了好几个夜班才挣来的钱；当你逃课出去玩的时候，爸妈或许正在和别人炫耀，自己的孩子在大学里多么听话，学习成绩是多么的好！“人不疯狂，枉少年”，但凡事要有度，要有节制，大学就是在锻炼我们对所有事情“度”的拿捏。

他在刻苦学习之余，还不忘提高自身综合素质，因为他知道，只有全面发展才能适应社会的需求。因此，在课余时间，他积极参加院系组织的各项活动，主动参与班级、院系学生管理工作，以锻炼和培养他的沟通、协调、组织等各方面能力。付出总会有收获，在校期间，他曾担任班级组织文艺委员、学习委员、系文艺部副部长、系团总支副书记、校学生会主席等学生干部职务，不仅充实了课余生活，更使他的综合素质在潜移默化中得到提升。在大学期间担任学生干部，对他后来的工作影响深远，使他终身受益。因为真正融入大学生活后，才会发现，你没有时间和心思去玩游戏、没有时间和心思逃课出去玩，因为学校安排的学习和活动已经占满了你的整个生活！

钱多、事少、离家近

理想的工作不是没有，只是刚刚大学毕业的你还没有获得这种工作的实力！“钱多、事少、离家近”的工作，对于农村出来的他是不敢奢望的，毕业季到来时，他满脑子都是找工作，尽快去实习，自己挣钱养活自己。他是幸运的，毕业时，赶上世界五百强企业招聘，在系就业指导老师的帮助下，顺利签约了山东魏桥创业集团。

2012 年 1 月，他再次背上行囊，坐了 3 多个小时的车来到了山东魏桥创业集团公司总部。经过一个多月的岗前培训后，他被分配到了滨州市北海新区工作，他离目标不远了，因为基本上实现了“离家近”（工作地点到老家才六十公里）。然而在新的工地，人烟稀少，没有任何交通工具，刚刚毕业的他怎么可能天天请假，工作第一年一共回家两次，和上大学时一样，“六十公里、六百公里、六千公里”，有区别吗，或许是心离家更近些吧。

要记得吃得苦中苦，方为人上人！当时北海的工地上流行着两首打油诗：“多变的天，四级的风，对象难找，人要变疯”；“饭难吃，水难饮，北海的宿舍，难入寝”，就是在这样的工地环境下，他“苦战”40 多天，连着上了一周的夜班，“北风呼呼地刮，雪花飘飘洒洒，近处传来了多声巨响，工地打桩又开始了”，他一个人站在寒冷的夜里，无限的悲惨与凄凉！由于他在学校奠定了扎实的基础，在工地上干了一个多月后，被调到办公室工作，工作环境好了很多。由于他在学校经常参加活动，提高了他的综合素质，在调到办公室三个月后，他就被调回公司总部。他背上行囊再次出发，这次是欢快的、幸福的，他来到公司总部看到气派的办公大楼和整洁的办公室时，自豪感油然而生。这是他参加工作后的第一次变化，他深切体会到了只有付出，才有收获的道理。

不忘初心、继续前行

刘国凯来到公司总部后,在工作上并没有掉以轻心。他知道"笨鸟要先飞",虽然自己能力不如人,但是他勤学好问,工作认真、勤恳,新来的"菜鸟"当然是要多干活的,千万不要抱怨,同事可和同学不一样。有了苦恼,有了过不去的坎,千万别忘了还有大学老师和就业指导办。在他工作中遇到第一个坎的时候,请了两天假回母校,找到了推荐他就业的魏鹏老师,一个优秀的就业指导人,一个贴心的老大哥,他们彻夜长谈,一个困于心许久的困难迎刃而解。正是凭着他大学三年的积累,工作很快得心应手,功夫不负有心人,公司年底的总结表彰大会上他被评为"优秀员工",并作为优秀员工代表总结发言。

忘了初心,如何前行

2013年6月份,公司内部管理部门整合,好几个部门的领导找到刘国凯,都想要他去自己的部门工作,最后他还是跟着他的老领导去了基建管理办公室基建一处任职。在后来的两年里,由于他平时工作的努力与付出,又先后两次被评为"先进工作者""工作标兵"。同时,由于他在学校养成了自学的好习惯,于2014年顺利通过"山东省二级建造师"考试,2015年顺利评上"助理工程师";目前他正在准备"国家一级建造师"考试。取得如此多的成绩与他大学里老师的培养和自己的努力是密不可分的。由于工作中做出了较好的成绩,在2017年初公司再次进行部门整合的时候,他有了自己挑选工作岗位的机会,他有了挑选"钱多、事少、离家近"的机会,因为机会总是留给有准备的人,最后如他所愿,钱虽不多,但是事少、离家近;幸福了吗?幸福了!骄傲了吗?骄傲了!膨胀了吗?膨胀了!2017年6月份他回到济南,又去看望了一位熟悉的老师、一位挚友,魏鹏老师。魏老师又给他上了一堂生动的人生哲理课:"兄弟,忘了初心了吗?还年轻要低调,还要继续前行!""高调做事、低调做人"的衷心劝告早已抛之脑后,为父母争光、为母校添彩、为理想而奋斗终生的人迷失了;要回去,回到那个让梦开始的地方,听听老师孜孜不倦的教诲,听听当初的誓言。同学们，撸起袖子加油干，勿忘初心，努力前行！

最后他说：“用我们公司三十年发展历程中总结出的一句企业名言与母校的学弟、学妹共勉：拼搏进取、求实创新、快速高效、永争一流！”

刘云清登上《新闻联播》，被评新时代工人典范

山东职业学院是国家骨干高职院校，山东省教育厅直属、省内唯一具有铁路行业背景的高等职业院校。六十余年办学历程，学院秉承“知能共进，德道同优”的校训精神，坚持以立德树人为根本，以服务发展为宗旨，以促进就业为导向，践行“为学生的学习和就业服务”的办学理念，全面促进学生的成人、成才，服务社会，回报家庭。为国家轨道交通事业发展和区域经济社会建设培养输送了一大批高素质劳动者和技术技能人才，他们当中既有默默奉献在生产一线的建设者，也有优秀的企业管理者和科技精英，他们在各自的工作岗上为祖国做出了突出贡献，并以身正、敬业的精神赢得了社会的赞誉。

刘云清是我院在济南铁路机械学校时期92级机设专业28班的学生。毕业后进入中车戚墅堰所，成为一名机修钳工。到1999年，该公司开始使用数控机床时，他已经成长为一名技术骨干。

“设备名医”“技改大王”，在中车戚墅堰所，这些词都是用来形容首席技师刘云清的。从业二十二年，刘云清获得了17项专利，自主研发了200多套设备。

在2012年，公司价值1.3亿元的进口高铁制动设备一次锻压成型机出现故障，厂家的维修组尝试多次都找不到故障原因。面对这个五层楼高的大家伙，刘云清采取倒推、改造电路等多种方式进行排查。终于把这个预计要两个月才能解决的问题，用一天时间解决了。

2015年至今，刘云清带领团队进行了20多项重点攻关项目，取得科技成果35项，并为企业培养了20多名数控设备维修人才。

2015年，中车戚墅堰所成立了劳模创新工作室，每年投入上千万的资金用于研发和市场拓展。

新华社评论员文章

劳动最光荣 奋斗最幸福——写在"五一"国际劳动节之际（摘选）

时代在变，但奋斗底色不变。从老一代劳模王进喜、时传祥，到新一代敬业奉献模范罗阳、时代楷模黄大年，还有新近评选出的刘云清、王中美等全国五一劳动奖章获得者，正是一代代劳动者接续奋斗，铸就了中国大踏步赶上世界潮流的发展奇迹，实现了中华民族从站起来、富起来到强起来的伟大飞跃，开创了中国特色社会主义蓬勃发展的新时代。

图文来源：中车戚墅堰所

经年忆昔 匆匆那年

个人简介

赵星雯，男，党员，2010 级管理系会计电算化 1034 班毕业生。在校期间曾担任学生会卫生部副部长、会电 1034 班班长、2011 级助理辅导员等职务。2012 年 7 月—12 月就职于威海恒泰财务管理咨询有限公司，2013 年至今就职于成都铁路局重车站。

昨夜西风凋碧树，独上高楼，望尽天涯路

校园，装着太多的回忆和故事。无论大家正独步漫步校园，闻得见书声、嗅得到书香，还是刚刚离开校园的怀抱，各奔东西，抑或早已远离校园，成家立业，心中始终有个声音在呼唤着我们，她就是母校，我们灵魂长成的地方。对于母校他心里只有“感恩”二字。

宝剑锋从磨砺出，梅花香自苦寒来

“学生的天职就是学习”，赵星雯一直将辅导员王晓英老师的这句话记在心里，努力学习。会计专业的专业性非常强，真正想学深、学透、学好并不是一件容易的事情。为扩展自己的知识面，他没有满足于学校专科的课本和每个学期的奖学金，而是自己到新华书店买了一本东北财经大学出版的《中级财务会计》。每次学习新的知识点，他就会提前在本科课本上标注出专科书上没有的知识点进行自学。“哎哟，我都快要让他‘烦死了’，每次都问个不停，刨根问底。”财务会计老师刘桂荣说。

当然，在学习之余，他还注重综合能力的发展，先后担任了2011级助理辅导员、班级班长并参加了各种社会实践。

一分耕耘一分收获，在三年的大学生活中，他多次被评选为“优秀学生干部”“优秀学

生”。他在毕业时以三年全专业学习成绩排名前十名的优秀成绩荣选为“山省优秀毕业生”并在毕业典礼上代表全系学生上台授奖讲话。

纸上得来终觉浅,绝知此事要躬行

会计专业重在实践,大二下学期,“五一”劳动节结束时,他每天缠着专业课老师给他介绍工作。老师很是不解,问他为什么,他回答道:“现在是 5 月份,工作慢慢找,找到合适的就要 7 月份了。如果等到了 7 月份暑假开始找,找到合适的那就开学了。只要让我去学习,我不要工资都可以。”最终老师被他感动,于是给他介绍了威海恒泰财务管理咨询有限公司。

得益于在校期间老师的教导和实训,在新的单位里他很快成长起来。20 天里,代理公司的账,从原始单据的审核到凭证的填制,从明细账到总账,从总账到报表都是他自己一手完成;工商、税务等代理业务他也完全掌握。

衣带渐宽终不悔,为伊消得人憔悴

赵星雯于 2013 年从学校毕业,分配至成都铁路局重庆车站任售票员工作;2015 年 5 月至今在北站南场从事党群工作;2013 年—2017 年春运期间在车站党委办公室从事宣传工作。

工作 5 年的他,在党的关怀下,培养了良好的政治思想素质,始终牢记党员身份和工作职责,有着坚定的政治信仰和理想信念;在工作中恪尽职守、踏实肯干,能较好地完成车间领导交办的各项工作任务;在作风上求实,自律上求严,堂堂正正做人,踏踏实实做事,继续发扬爱岗敬业、吃苦奉献、团结协作的精神,以认真负责的态度,在履行工作职责、提高工作质量中创先进、争优秀。

最后,相信大家有一个疑问就是学长的会计专业怎么样了?

他答道:“习大大说,不忘初心,继续前进”。虽然他不再从事会计工作,但是“初心”并没有忘记,正在 CPA 这条路上暗暗奔跑着。

三年时间很长,大家一起走过;三年时间很短,转瞬即逝,其中有苦、有甜、有笑、有泪,愿时间定格,永不褪色。